Robin Nolans

GYPSYJAZZ
GITARREFÜRANFÄNGER

Beherrsche die Grundlagen der Gypsy-Jazz-Gitarre für Rhythmus- und Solospiel

ROBIN**NOLAN**

FUNDAMENTAL**CHANGES**

Robin Nolans Gypsy Jazz Gitarre für Anfänger

Beherrsche die Grundlagen der Gypsy-Jazz-Gitarre für Rhythmus- und Solospiel

ISBN: 978-1-78933-363-3

Veröffentlicht von **www.fundamental-changes.com**

Urheberrecht © 2020 Robin Nolan

Herausgegeben von Tim Pettingale

Übersetzt von Daniel Friedrich

www.fundamental-changes.com

Über 13.000 Fans auf Facebook: **FundamentalChangesInGuitar**

Instagram: **FundamentalChanges**

Über 350 kostenlose Gitarrenlektionen mit Videos findest du unter

www.fundamental-changes.com

Inhalt

Eine Nachricht von Robin - Sieh dir dies zuerst an!

Ich heiße dich herzlich willkommen zum Beginn deiner Gypsy Jazz Gitarrenreise. Um das Beste aus unserer Erfahrung zu machen, folge dem Link unten oder scanne einfach den QR-Code mit deiner Smartphone-Kamera. Ich werde dir zeigen, wie du dieses Buch am besten genießen und in kürzester Zeit große Fortschritte machen kannst. Wir sehen uns dort!

Kurz-Link:

https://l.robinnolan.com/hvugd

Einführung

Meine Gypsy-Jazz-Reise begann eines Nachts, als mein Vater und ich von England zum Django-Reinhardt-Festival in Samois-sur-Seine, Frankreich, fuhren. Es war der Beginn eines unglaublichen Abenteuers - eines, das nie aufgehört hat und so viel Freude in mein Leben gebracht hat.

Vor dem Festival hatte ich nur kratzige Aufnahmen von Django gehört, die mich nicht so inspirierten wie meine anderen Gitarrenhelden, wie Angus Young oder Eddie Van Halen. Aber als ich in Samois-sur-Seine ankam, änderte sich das alles für immer. Die Begegnung mit Djangos Volk, den Manouche, und das Gitarrenspiel der Sinti-Zigeuner vor ihren Wohnwagen, mit brennenden Lagerfeuern und strömendem Wein, hat mein Leben verändert. So etwas hatte ich noch nie erlebt. Das hatte nichts mit den kratzigen Aufnahmen zu tun - die Musik rockte, war magisch und voller Romantik. Ich wusste sofort, dass dies die Musik für mich war. Ich wollte lernen, so Gitarre zu spielen!

Ich hatte meine Gitarre mitgenommen und mein Vater drängte mich, mitzumachen, aber ich hatte großen Respekt. Wie sollte ich mit diesen Jungs mithalten? Sie hatten einen so lauten, klaren Sound, und ich wusste, dass meine Ovation-Akustikgitarre nicht ausreichen würde. Außerdem kannte ich keines der Stücke!

Ich wusste wirklich nicht, wo ich mit dieser Musik anfangen sollte, doch ich fing an. Als wir zurück in England waren, begann Tony Williams, ein Freund meines Vaters, mir einige von Djangos Stücken beizubringen - *Minor Swing, Douce Ambiance, Dark Eyes, Nuages*. Ich saugte jede Note auf, die er mir zeigte. Bald gründete ich mit Tony eine Band namens Trio De Samois, und bald hatten wir genug Material, um eine Aufnahme zu machen. Mit unserem neuen Album fuhren wir drei nach Amsterdam und traten als Straßenmusiker auf dem Leidseplein (dem Hauptplatz) auf. Das war der Beginn einer zehnjährigen Periode, in der wir auf der Straße spielten. Wir sind nie weggegangen und ich lebe immer noch in dieser wunderbaren Stadt.

Rückblickend kann ich feststellen, dass der Schlüssel für unseren Fortschritt die Wiederholung war. Jeden Tag spielten wir auf der Straße, mit dem gleichen Set, manchmal acht Stunden lang. Ich fühlte mich wohl, während ich über die Akkordfolgen Solo spielte und begann, meine Gypsy-Jazz-Stimme zu finden. Heute sitze ich hier und schreibe dieses Buch, um dir zu helfen, *deine* Gypsy-Jazz-Reise zu beginnen. Vor allem möchte ich dir einen Eindruck davon vermitteln, worum es bei dieser Musik geht. Über die Tonleitern und Übungen hinaus möchte ich, dass du die gleiche Magie und Romantik erlebst, die ich empfand, als ich zum ersten Mal der Musik von Django und den Gypsies begegnete.

Ich habe diese Musik immer auf meine eigene Art gespielt und hatte das Glück, mein Leben und meine Karriere um dieses Genre herum aufzubauen. Ich habe meine eigene Stimme gefunden, und ich möchte, dass auch du danach strebst. Versuche nicht, genau wie Django, Stochelo Rosenberg oder Biréli Lagrène zu spielen – behalte dir die Elemente des Stils, den du spielst, bei und mische sie mit Gypsy Jazz. Bringe *dich selbst* in die Musik ein. Denke daran, dass Gypsy Jazz nicht nur eine Technik ist, sondern ein Gefühl, eine Lebenseinstellung. Vergiss die Romantik nicht!

Über dieses Buch

In diesem Buch möchte ich dir die wesentlichen Werkzeuge, Techniken und Inspirationen an die Hand geben, um mit dem Spielen dieser Musik zu beginnen. Hier sind die Kernprinzipien meines Lehransatzes. Es sind einfache Mantras, die dir helfen werden, Fortschritte zu machen.

Keep It Simple. Das gilt sowohl für den Rhythmus als auch für das Solospiel. Frage dich bei jedem Schritt: „Kann ich das vereinfachen?" Die Antwort ist fast immer ja. Einfachheit hilft der Musik. Reduziere den Denkprozess und verwende mehr Herz und Intuition.

Sei du selbst. Du wirst nie genau wie Django Reinhardt spielen, aber du spielst am besten, wenn du so spielst wie *du*. Behalte das immer im Hinterkopf und setzte dich nicht unter Druck, „authentischer" klingen zu müssen. Auf diese Weise wirst du dich von anderen absetzen.

Hab Spaß. Sorge dafür, dass du stets Freude an der Sache hast! Es geht nicht darum, im Übungsraum zu leiden. Eigentlich brauchst du überhaupt keinen Übungsraum! Gehe raus und spiele deine Gitarre im Park, auf einer Terrasse oder im Café vor Ort.

Bleibe inspiriert! Das ist mein Motto und etwas, das du immer anstreben solltest. Höre Django, sehe dir den schönen Film *Django Legacy* an oder tu einfach, was immer dich inspiriert. Beobachte, wie es dein Spiel auf magische Weise verbessert!

Das vorliegende Material basiert auf einem von mir entwickelten Lehrsystem, das bereits von Hunderten von Schülern auf der ganzen Welt verwendet wurde. Es wurde sorgfältig ausgearbeitet, um dir eine solide Grundlage für lebenslangen Spaß am Spielen dieser wunderbaren Musik zu geben. Es gibt fünf Hauptbereiche, die man durcharbeiten muss, um ein guter Gypsy-Jazz-Gitarrist zu werden. Ich nenne sie die *Fünf Säulen des Gypsy Jazz*.

Wir werden jede Säule der Reihe nach behandeln. Mein Ziel ist es, dir dabei zu helfen, den Stil schnell und einfach zu erlernen und die Verwirrung, die viele über die „richtige" Art, ihn zu spielen, haben, aufzulösen. Ohne dass wir uns in unnötiger Theorie verzetteln werden, zeige ich dir das Wesentliche, so dass du schnell beginnen kannst, Musik zu machen. Hier ist ein Überblick darüber, wohin die Reise geht:

Säule 1: Rhythmus

In diesem Kapitel zeige ich dir die wesentlichen Akkordformen, die im Gypsy Jazz verwendet werden, und gehe dann auf jeden einzelnen Rhythmus ein, der uns in dieser Musik begegnet. Der Gypsy-Swing-Rhythmus ist die Essenz dieses Stils, und ich kann nicht genug betonen, wie wichtig es ist, *ihn zu verstehen* - er ist ein wesentlicher Bestandteil des authentischen Klangs dieser Musik. Ich bringe dir bei, wie man die Musik zum Swingen bringt, wie man den Upstroke einsetzt, die im Gypsy Jazz verwendeten Latin-Rhythmen spielt und vieles mehr.

Säule 2: Solospiel

In diesem Kapitel gebe ich dir die Werkzeuge an die Hand, die du benötigst, um über Gypsy-Jazz-Stücke zu improvisieren. Ich zeige dir das einfache System, das ich verwende, um Soli zu kreieren: eine Kombination aus bewährten Gypsy-Jazz-Licks, meinen eigenen Licks, geeigneten Skalen und Arpeggien und der Kunst, alles fließen zu lassen und den Ohren zu vertrauen. Hier lernst du einige sehr praktische Methoden, um durch die Changes zu spielen und deine Musik mitreißend zu gestalten.

Säule 3: Gig-Bootcamp

Die Vorbereitung auf eine Jam-Session oder einen Gig ist ein wichtiger, aber selten gelehrter Aspekt des Musizierens - und doch ist es der Klebstoff, der alles zusammenhält. Es ist eine Sache, in der Sicherheit der eigenen vier Wände zu üben, aber was ist, wenn man auf der Bühne steht? Hier werden wir uns mit nützlichen Techniken befassen, z. B. damit, wie man ein Stück beginnt und beendet, und sogar damit, wie man mit Nervosität umgeht, um die Musik spielen zu können, die man liebt.

Säule 4: Gemeinsames Spielen und Musizieren

Säule 4 behandelt die Kunst des Zusammenspiels mit anderen Musikern - ein weiterer Aspekt, der oft auf die harte Tour gelernt wird! Hier besprechen wir Jam-Session-Etikette, wie man ein Stück einzählt, wann und wie lange man ein Solo spielt, wie man ein Solo in „Vierern" und „Achtern" spielt und wie man sein eigenes Arrangement eines Stücks erstellt. Dies sind wichtige Informationen, egal ob du im Duo oder mit einer ganzen Band spielen willst.

Säule 5: Schlussstein und Weiterentwicklung

Ich nenne die letzte Säule den *Schlussstein*. In diesem Kapitel helfe ich dir, alles, was du gelernt hast, zu konsolidieren und dich als Spieler weiterzuentwickeln, indem du das Maximale aus deiner Übungszeit holst. Ich helfe dir, dich auf die Fähigkeiten zu konzentrieren, die sich bei der Jamsession auszahlen, und Techniken zu festigen, die dir viel Lernzeit ersparen werden.

Wir werden auch erörtern, was es braucht, um sich als Gypsy-Jazz-Spieler abzusetzen: wie man seine eigene Identität herausarbeitet, anstatt mit der Masse zu schwimmen.

Zusammenfassung

Ich empfehle dir, alle fünf Säulen systematisch und der Reihe nach durchzuarbeiten. Die Beherrschung des Rhythmus kommt nicht ohne Grund vor der Beherrschung des Solospiels! Alle großen Gypsy-Solisten, die du kennengelernt hast, sind auch große Rhythmusspieler. Das Material in diesem Buch soll dich auf den Weg bringen, ein *kompletter*, kompetenter Gypsy-Jazz-Gitarrist zu werden, und nicht nur jemand, der in diesem Stil herumstümpert.

Ich möchte vor allem, dass du es entspannt angehst und Spaß daran hast, diese Musik zu lernen. Gypsy Jazz ist eine fröhliche Musik und es ist wichtig, Freude damit zu haben!

Robin.

Hol dir das Audio

Die Audiodateien zu diesem Buch kannst du kostenlos von **www.fundamental-changes.com** herunterladen. Der Link befindet sich in der oberen rechten Ecke. Wähle einfach diesen Buchtitel aus dem Dropdown-Menü aus und folge den Anweisungen, um die Audiodateien zu erhalten.

Wir empfehlen dir, die Dateien direkt auf deinen Computer (nicht auf dein Tablet) herunterzuladen und sie dort zu extrahieren, bevor du sie zu deiner Medienbibliothek hinzufügst. Du kannst sie dann auf dein Tablet oder deinen iPod laden oder auf CD brennen. Auf der Download-Seite gibt es ein Hilfe-PDF und wir bieten auch technische Unterstützung über das Kontaktformular.

Über 350 kostenlose Gitarrenlektionen mit Videos findest du hier:

www.fundamental-changes.com

Über 10.000 Fans auf Facebook: **FundamentalChangesInGuitar**

Instagram: **FundamentalChanges**

Um mehr über Gypsy Jazz Gitarre mit Robin Nolan zu erfahren, besuche:

www.GypsyJazzClub.com

YouTube: **www.youtube.com/GypsyJazzSecrets**

Facebook: **www.facebook.com/GypsyJazzSecrets**

Instagram: **www.instagram.com/RobinNolan**

Zusätzliche Online-Ressourcen

Als Bonus enthält dieses Buch 22 Videos, die du online ansehen kannst und die dich durch die verschiedenen Übungen führen. Perfektioniere die in diesem Buch gelehrten Techniken, indem du hier vorbeischaust:

https://www.fundamental-changes.com/robin-nolan-beginner-gyspy-jazz-guitar/

Kurz-Link:

https://geni.us/gypsyvideos

Oder scanne mit deinem Smartphone:

Zu diesem Buch gibt es auch eine Spotify-Playlist mit Robins Lieblingssongs! Hier kannst du sie anhören:

https://geni.us/gypsyplaylist

Säule 1: Einführung in das Gypsy-Rhythmusspiel

In diesem Kapitel möchte ich dir die wichtigsten Akkordformen der Gypsy-Gitarre beibringen. Es gibt natürlich viele Akkordformen, die man spielen *kann*, aber der Großteil des Gypsy-Repertoires basiert auf einer kleinen Gruppe relativ einfacher Formen. In der zweiten Hälfte dieses Kapitels werden wir einige dieser Formen anwenden, indem ich dir alle Rhythmen zeige, denen du in dieser Musik begegnen wirst. Während des gesamten Kapitels werde ich relevante Stücke aus dem Gypsy-Repertoire erwähnen, mit denen du dich beschäftigen solltest.

Gypsy-Jazz-Akkordformen

Der Zweck der folgenden Akkorddiagramme ist es, dir praktische Formen für das Gypsy-Rhythmusspiel an die Hand zu geben. Gitarristen – vor allem im Jazz – steigern sich häufig sehr in exotische Akkordumkehrungen hinein, aber wenn es darum geht, diesen Musikstil zu spielen, ist einfach meist besser eine solide rhythmische Grundlage zu schaffen, worauf immer das Hauptaugenmerk liegen sollte.

Dur-Akkorde

Hier sind zunächst drei Dur-Akkordformen:

Der erste und offensichtlichste ist der einfache Dur-Barre-Akkord, aber beachte, dass die hohen E- und B-Saiten nicht gespielt werden. Für einen authentischen Gypsy-Rhythmus klingt es am besten, wenn nur die unteren vier Saiten angeschlagen werden, um einen soliden, vollen Sound zu erzeugen.

Der Akkord ist aus den Noten G (Grundton), D (5), G (Oktave) und B (3) aufgebaut. Schau dir das Stück *Hungaria* von Django Reinhardt an - die ersten acht Takte können mit diesem Akkord gespielt werden, da sich die Progression von G-Dur zu G#-Dur und zurück zu G bewegt.

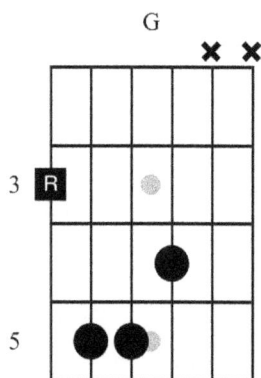

G

Der nächste Akkord ist der Major 6 - hier als D6 dargestellt. Im Gypsy Jazz ist es üblich, Akkorde mit der 5 als tiefstem Ton zu greifen. Normalerweise ist ein D6-Akkord mit D (Grundton), F# (3), A (5) und B (6) aufgebaut. Hier spielen wir ihn in der Reihenfolge A (5), D (Grundton), F# (3) und B (6).

Da Gypsy Jazz fast ausschließlich auf der Akustikgitarre gespielt wird, können wir mit diesem Voicing die unteren vier Saiten anschlagen und müssen nicht zu weit oben am Hals spielen. Der Klang des D6-Akkords bleibt erhalten, und mit der 5 im Bass passt er wunderbar zu einem Bassisten, der den Grundton spielt.

Es ist einfacher, die B- und die hohe E-Saite zu dämpfen, wenn du den Akkord mit allen vier Fingern deiner Greifhand spielst, anstatt mit dem Zeigefinger einen Barré zu bilden. Das unten stehende Akkorddiagramm zeigt, welchen Fingersatz du verwenden solltest. Dies ist die ideale Akkordform für Stücke wie *Daphne* und *Belleville*.

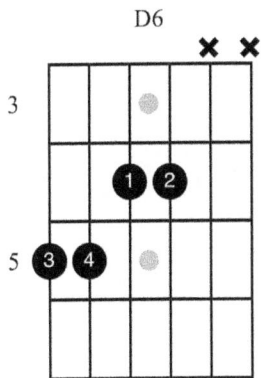

Hier ist ein etwas ungewöhnlicheres Voicing. Wenn ich in der Tonart C-Dur spiele, verwende ich manchmal diese Form, um einen anderen Geschmack zu erzeugen. Sie ist etwas anspruchsvoller als die vorherigen Akkorde, aber eine nützliche Form, die man in seinem Arsenal haben sollte, um einen authentischen Sound zu erzielen. Der Akkord ist aus C (Grundton), E (3), G (5), C (Oktave) und E (10) aufgebaut.

Achte darauf, den Daumen auf der Rückseite des Halses zu verankern - der Daumen sollte für diesen Akkord nicht über den Hals greifen. Greife den 5. Bund mit deinem Zeigefinger, die A-Saite mit deinem Ringfinger und die tiefe E-Saite mit deinem kleinen Finger. Dies ist ein großartiger Akkord, wenn du einen volleren Klang erzeugen möchtest. Er ist zum Beispiel ideal für das Intro des Stücks *J'attendrai*.

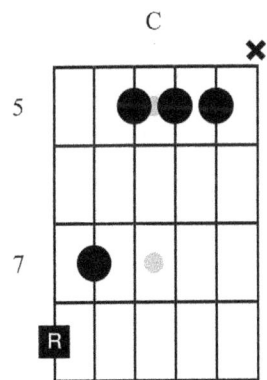

Moll-Akkorde

Nun wenden wir uns drei wichtigen Moll-Akkord-Voicings zu. Sie sind alle Moll-6-Akkorde. Anstatt einen einfachen Moll-Akkord oder einen Moll-7-Akkord zu spielen, bringt der Moll-6 den einzigartigen Gypsy-Geschmack zur Geltung.

Der erste ist ein einfaches, aber wirkungsvolles dreistimmiges Voicing von Gm6. Normalerweise würde dieser Akkord aus G (Grundton), Bb (b3), D (5), E (6) bestehen. Im Gypsy Jazz spielt man G (Grundton), E (6) und Bb (b3), wobei die anderen Saiten gedämpft werden:

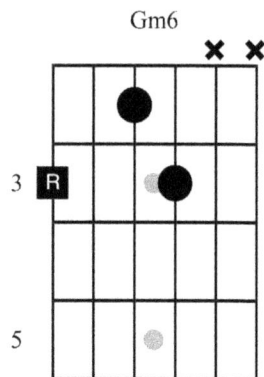

Gm6

Mit diesem Akkord kann man eine ganze Menge machen. Zum Beispiel können wir einen kompletten Moll-Blues nur mit dieser Form spielen, ohne die Greifhand von den Saiten zu nehmen.

Beispiel 1a

Gm6

```
Takt 1-4 (Gm6)
T|--3---3----3---3----3---3----3---3----3---3----3---3--|
A|--2---2----2---2----2---2----2---2----2---2----2---2--|
B|--3---3----3---3----3---3----3---3----3---3----3---3--|
```

Cm6 / Gm6

```
Takt 5-6 (Cm6)            Takt 7-8 (Gm6)
T|--8---8----8---8--|     --3---3----3---3--
A|--7---7----7---7--|     --2---2----2---2--
B|--8---8----8---8--|     --3---3----3---3--
```

Eb7 / D7 / Gm6

```
Takt 9 (Eb7)   Takt 10 (D7)   Takt 11-12 (Gm6)
T|--6---6--|    --5---5--|     --3---3----3---3--
A|--5---5--|    --4---4--|     --2---2----2---2--
B|--6---6--|    --5---5--|     --3---3----3---3--
```

Beachte, dass wir in den Takten 9-10 immer noch die gleiche Form beibehalten können, um die Akkorde Eb7 und D7 zu spielen. Es wird die gleiche Technik des Verschiebens der 5 in den Bass angewandt. Diese Akkorde haben keinen Grundton und sind so aufgebaut:

Eb7 = Bb (5), G (3), Db (b7)

D7 = A (5), F# (3), C (b7)

Wenn du dir das Audiobeispiel anhörst, wirst du feststellen, dass es keine Rolle spielt, dass diese Akkorde keinen Grundton haben - der Kontext der Progression sagt deinen Ohren, was passiert.

Das zweite Moll-6-Voicing hat den Grundton auf der B-Saite und sieht so aus:

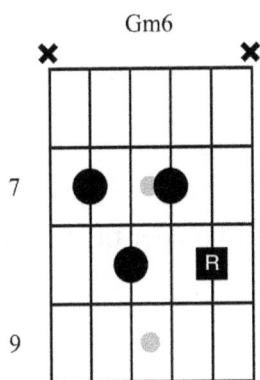

Gm6

Wenn du es gewohnt bist, herkömmlichen Jazz zu spielen, siehst du diesen Akkord vielleicht sofort als Em7b5 mit dem Grundton auf der A-Saite. Aber Gm6 hat genau dieselben Noten und ist wie folgt aufgebaut: E (6), Bb (b3), D (5), G (Grundton). Um diesen Akkord schnell zu finden, denke daran, den Grundton auf der B-Saite im 8. Bund anzusteuern.

Das Verschieben der 5. nach unten ermöglicht es uns, Voicings weiter unten am Hals zu spielen, was einfacher ist und einen volleren Klang ergibt. Probiere diese Dm6-Form aus, die am zweiten Bund gespielt wird:

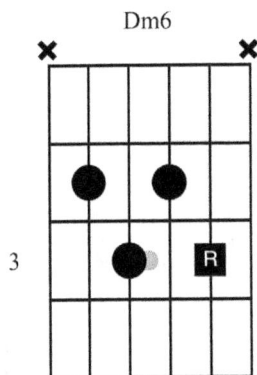

Dm6

Diese Akkordform eignet sich hervorragend für ein Stück wie *Dark Eyes*, bei dem die ersten Akkorde A7 und Dm6 sind.

Das abschließende Moll-6-Voicing bringt den Daumen zum ersten Mal ins Spiel und sieht wie folgt aus:

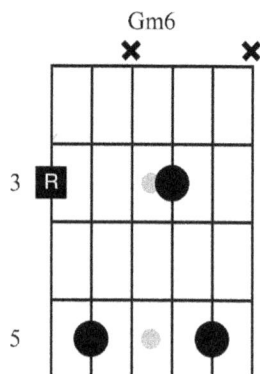

Dieser Akkord besteht aus G (Grundton), D (5), Bb (b3) und E (6). Spiele diesen Akkord von der tiefen bis zur hohen Note wie folgt:

- Bassnote G mit dem Daumen

- D mit dem Ringfinger

- Bb mit dem Zeigefinger

- E mit dem kleinen Finger

Der Gesamteffekt ist weiträumiger als bei den anderen Voicings.

Wenn es sich ein wenig unangenehm anfühlt, den Daumen für die Bassnote zu benutzen, ist das ganz normal! Bleib dran und spiele den Akkord in verschiedenen Positionen am Hals. Irgendwann wird es sich natürlich anfühlen. Wir können sehen, wie nützlich dieser Akkord ist, wenn er mit einem D7-Akkord in der unten stehenden Akkordfolge gepaart wird. Es erfordert nur eine minimale Bewegung der Greifhand, um die Akkorde zu wechseln.

Beispiel 1b

Dominant-7-Akkorde

Es gibt zwei Akkorde vom Typ Dominante, die man kennen muss, und der erste ist ein weiterer einfacher Dreiklang - in diesem Fall A7 im 5. Bund. Er ist aus A (Grundton), G (b7), C# (3) aufgebaut. Achte darauf, die anderen Saiten zu dämpfen, wenn du ihn spielst.

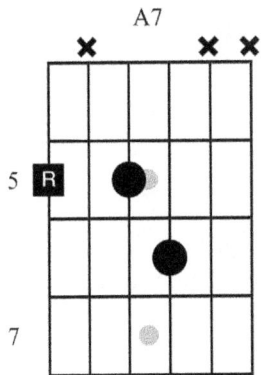

Die zweite Dominant-7-Form, die wirklich nützlich ist, wird wie folgt gespielt:

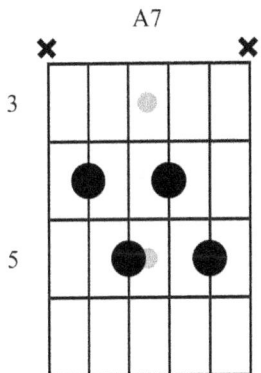

Beachte, dass dies die gleiche Form ist, die wir für das zweite unserer Moll-6-Voicings verwendet haben. In diesem Zusammenhang kann sie als ein A9-Akkord ohne den Grundton betrachtet werden und ist wie folgt aufgebaut: C# (3), G (b7), B (9), E (5). Um dir zu merken, wo dieser Akkord zu finden ist, lege deinen Daumen über den Hals und greife die A-Note auf der tiefen E-Saite im fünften Bund. So kannst du dir besser vorstellen, wo sich der Grundton befindet. Auch diese Form kannst du für den Anfang von *Dark Eyes* verwenden.

Vermindert

Verminderte Akkorde werden im Gypsy Jazz häufig verwendet. Hier sind drei Formen, die du kennen solltest. Die erste ist ein weiteres dreistimmiges Voicing und wird wie folgt gespielt:

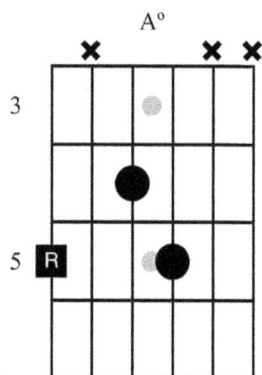

Dies ist wie ein Adim7-Akkord, bei dem das b5 (Eb) weggelassen wurde, um ein kleineres Voicing zu schaffen. Hier ist der Akkord aus A (Grundton), Gb (bb7), C (b3) aufgebaut. Wenn du in einem Chordsheet auf A° oder A°7 stößt, kannst du diesen Akkord spielen.

Verminderte Akkorde sind vielseitig, denn wir können sie auf dem Griffbrett in kleinen Terzen (drei Halbtöne vom ursprünglichen Akkord entfernt) verschieben und spielen immer noch denselben Akkord, nur mit einer anderen Reihenfolge der Noten. Diesen Sound hörst du häufig im Gypsy Jazz. Im folgenden Beispiel wird der erste Adim-Akkord im 5. Bund gespielt. Er wird um eine kleine Terz nach oben zum 8. Bund, um eine weitere kleine Terz zum 11. und dann zum 14. Bund verschoben. In diesem Beispiel habe ich ihn zu einem Gm-Akkord aufgelöst.

Beispiel 1c

Die nächste nützliche verminderte Form ist ein vierstimmiger Akkord, der auf den oberen vier Saiten angeordnet ist. Er besteht aus A (Grundton), Eb (b5), Gb (bb7), C (b3). Du kannst auch diesen Akkord in kleinen Terzen über den Hals verschieben, und er bleibt ein Adim-Akkord.

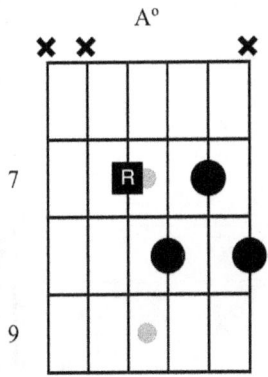

Versuche, diese Form zu bewegen und dabei eine A-Bass-Note beizubehalten.

Beispiel 1d

Es gibt noch eine weitere häufig vorkommende Form, bei der der Grundton auf der A-Saite liegt. Hier ist ein Ddim-Akkord, aufgebaut aus D (Grundton), Ab (b5), B (bb7), F (3).

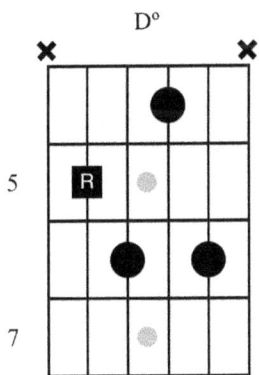

Diese Form ist als Durchgangsakkord in einer Progression nützlich. In der Tonart C-Dur könnten wir zum Beispiel Cmaj7 - A7 - Dm7 - G7 haben. Wir können einen C#dim als Durchgangsakkord anstelle des A7 verwenden, um diese Bewegung zu erzeugen:

Beispiel 1e

Durch die Hinzufügung des verminderten Akkords entsteht eine schöne aufsteigende chromatische Basslinie.

Übermäßige Akkorde

Es gibt zwei übermäßige Akkordformen, die im Gypsy Jazz häufig verwendet werden. Die erste ist ein übermäßiger A7-Akkord (in den Chordsheets oft als A7#5 oder A+ angegeben). In der Tonart D-Dur ist der A+ der V-Akkord, der sich stark zum I-Akkord (D) auflösen will.

Hier spiele ich die offene A-Saite (Grundton), G (b7), C# (#5), F (3) und A (Oktave). Du kannst die tiefe A-Note weglassen und nur den kleineren, vierstimmigen Akkord spielen. Er ist durch seinen Grundton auf der hohen E-Saite leicht zu finden.

Ein weiterer schöner übermäßiger Akkord verwendet diese Form:

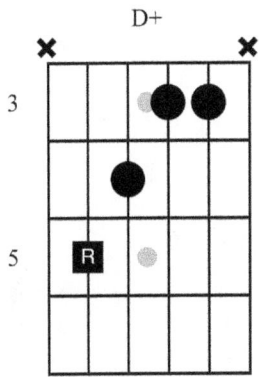

D+

Diesmal in der Tonart G-Dur: Der V-Akkord (D+) will sich zum I-Akkord (G) auflösen. Dieser Akkord ist aus D (Grundton), F# (3), A# (#5), D (Oktave) aufgebaut.

Dominant-7b5 und Moll-7b5

Zum Schluss möchte ich dir noch einige nützliche „b5"-Akkorde zeigen. Der erste von ihnen ist der Zwilling des A+-Akkords - der Dominant-7b5-Akkord. Er basiert auf einem Dominant-7-Akkord, hat aber eine verminderte Quinte anstelle einer übermäßigen Quinte. In der Tonart D-Dur will der A7b5-Akkord nach D aufgelöst werden:

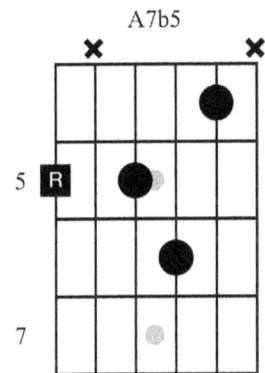

A7b5

Dieser Akkord besteht aus A (Grundton), G (b7), C# (3), Eb (b5). Du wirst feststellen, dass er dissonanter als der übermäßige Akkord und für sich genommen etwas seltsam klingen kann, aber großartig klingt, wenn er zu einem D6add9-Akkord aufgelöst wird:

Beispiel 1f

A7♭5   D6add9

Du kannst auch einen A7b5-Akkord verwenden, um ein Stück in der Tonart A-Dur zu beenden, wenn du eine unaufgelöste und mehrdeutige Wirkung willst.

Als nächstes haben wir zwei verschiedene Formen für den Moll-7b5-Akkord. Eine dieser Formen wird dir vertraut sein - wir haben sie bereits zweimal verwendet!

Die erste hat ihren Grundton auf der tiefen E-Saite und sieht so aus:

Am7b5

Sie ist aus A (Grundton), G (b7), C (b3), Eb (b5) aufgebaut. Dieser Akkord erscheint normalerweise als Teil einer Moll-ii-V-I-Progression. In der Tonart G-Moll ist Am7b5 der ii-Akkord: Am7b5 - D9 - Gm.

Beispiel 1g

Am7♭5   D7   Gm

Die andere wichtige m7b5-Form hat ihren Grundton auf der A-Saite. Hier ist ein Em7b5 in 7. Position.

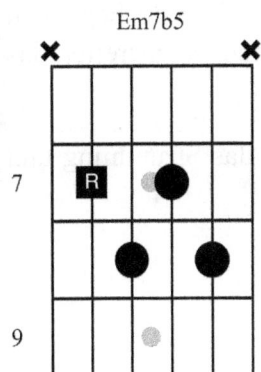

Gepaart mit dem A+-Akkord, den wir zuvor gelernt haben, können wir diese Form verwenden, um ein großartig klingendes ii V I in D-Moll zu erzeugen:

Beispiel 1g1

Wir haben nun alle wichtigen Akkorde behandelt, die du kennen solltest. Damit wirst du 99 % des Gypsy-Jazz-Repertoires spielen können. Jetzt, da du die Grundlagen kennst, können wir uns an den typischen Gypsy-Jazz-Rhythmus heranwagen.

Grundlegende Gypsy-Rhythmen

Das Mantra *„Keep it simple"* ist der wichtigste Ratschlag, den ich dir für dein Gypsy-Jazz-Rhythmus-Spiel geben kann. Wenn du raus gehst und spielst, widerstehe bitte dem Drang, unnötige Akzente und Fills hinzuzufügen. Der beste Gypsy-Jazz-Spieler der Welt ist zweifellos Biréli Lagrène, und der Mann, der für ihn den Rhythmus spielt, ist Hono Winterstein. Und was macht er? Sehr wenig! Er hält den Rhythmus sehr einfach und überlässt das Feuerwerk Biréli.

Alles, was Solisten wollen, ist jemand, der im Takt spielen kann. Wir wollen nicht viele Akkorde, wir wollen *Groove*. Vor allem darf man nicht langsamer werden. Das ist der größte Fehler, den Rhythmus-Spieler machen. Übe, das Tempo beizubehalten, und lass es nicht schleifen. Klopfe den Takt mit dem Fuß und bewege deinen Körper. Du bist der Motor dieser Musik.

Der Rhythmus ist das entscheidende Element des Gypsy Jazz. Diese Musik hat ihr eigenes, einzigartiges Gefühl, ihren eigenen Swing und Puls. Wenn man den Rhythmus nicht richtig trifft, klingt es einfach nicht nach Gypsy Jazz. Du wirst gleich *La Pompe* lernen, den tuckernden Swing-Rhythmus, der das Herzstück dieses Stils ist. Zudem habe ich *jeden* gängigen Gypsy-Jazz-Rhythmus aufgeschlüsselt, dem du begegnen wirst. Wenn du diesen Abschnitt methodisch durcharbeitest, bist du auf praktisch jedes Stück vorbereitet, das in einer Jamsession auftauchen kann.

Bevor wir uns jedoch mit diesen Rhythmen beschäftigen, müssen wir die Techniken für das Strumming und der Greifhand verfeinern.

Die Schlaghand

Die Bewegung der Schlaghand ist bei diesem Stil sehr wichtig. Wenn du neu im Gypsy Jazz bist, solltest du dir Zeit nehmen, diese Technik zu perfektionieren.

Im Gegensatz zu anderen Gitarrenstilen, bei denen das Handgelenk der Schlaghand am Gitarrenkorpus verankert ist, ist für eine gute Strumming-Technik im Gypsy Jazz ein *bewegliches Handgelenk* erforderlich.

Wenn ich einen Rhythmus anschlage, kommt kein Teil meiner Hand, meines Handgelenks oder meines Unterarms mit dem Korpus der Gitarre in Berührung. Ich bin mit viel Blues aufgewachsen, und es hat eine Weile gedauert, bis ich mir angewöhnt habe, mein Handgelenk *nicht auf den Steg* zu legen. Das schwebende Handgelenk ist notwendig, um einen starken Anschlag und damit eine ordentliche Lautstärke zu erzeugen, denn Gypsy-Jazz-Gitarristen spielen in der Regel unverstärkt.

Die Tempi in diesem Musikstil können sehr schnell werden, daher ist es wichtig, die Hand und das Handgelenk flüssig zu halten, um diese Geschwindigkeiten zu erreichen. Es ist praktisch unmöglich, schnell zu spielen, wenn das Handgelenk verankert oder angespannt ist. Wir wollen lernen, wie man die richtige Position erreicht.

1. Position des Schlagarms

Lege zunächst die Armbeuge auf die große obere Wölbung des Gitarrenkorpus, wie oben dargestellt. Dein Unterarm sollte locker herabhängen und sich frei auf und ab bewegen können, ohne den Korpus zu berühren. Probiere es jetzt aus. Lege deinen Arm auf die obere Wölbung und spiele einen imaginären Ab- und Aufschlag. Halte deinen Unterarm und dein Handgelenk locker und entspannt. Die Bilder unten zeigen die Strumming-Position des schwebenden Handgelenks/Unterarms.

2. Das Handgelenk

Das Handgelenk sollte locker und entspannt bleiben, so dass es frei nach oben und unten schwingen kann. Es kann ein wenig Übung erfordern, um die richtige Handgelenksbewegung zu erreichen, aber arbeite daran, mit einer freien Drehbewegung des Handgelenks auf und ab zu schlagen. Achte darauf, dass es nicht auf dem Korpus oder dem Steg der Gitarre aufliegt. Stelle dir vor, du hast ein Streichholz angezündet und willst es nun löschen, indem du es mit dem Handgelenk schnell auf- und abbewegst - das ist die Bewegung, die wir anstreben.

3. Haltung des Plektrums

Die orthodoxe Technik zum Greifen des Plektrums besteht darin, es am ersten Fingerknöchel gegen die Seite des Zeigefingers zu drücken und es dort mit dem Daumen zu halten. Die Spitze des Plektrums zeigt dabei direkt auf den Korpus der Gitarre. Ich persönlich habe keine orthodoxe Technik! Ich neige dazu, das Plektrum zwischen Daumen und Zeigefinger „einzuklemmen". Mit dem orthodoxen Griff kannst du vielleicht mehr Kraft und damit mehr Volumen erzeugen, aber ich schlage vor, dass du die für dich bequemste Griffweise wählst, solange du in der Lage bist, das Handgelenk frei beweglich zu halten. Ich schaffe, dass es funktioniert, und du kannst es auch.

Was die Wahl des Plektrums angeht, so verwende ich am liebsten ein Dunlop 2mm (lilafarben). Worauf du bei einem Plektrum für Gypsy Jazz achten solltest, ist, dass es sich nicht verbiegt. So erhältst du den kraftvollen Ton und das Volumen, das du brauchst.

4. Strumming-Bewegung

Beim Strumming bewegt sich der Unterarm ein wenig, aber die meiste Arbeit wird durch das lockere, frei bewegliche Handgelenk erledigt. Das ist wirklich wichtig. Wenn dein Unterarm auf und ab schwingt, um einen Strum auszuführen, wirst du nie in der Lage sein, wirklich schnelle Rhythmen zu spielen. Alles hängt von der Bewegung des Handgelenks ab.

Die Greifhand

Die Greifhand wird beim Unterrichten der Gypsy-Jazz-Gitarre nicht oft erwähnt, aber sie ist genauso wichtig, um richtig zu spielen.

Wie die Schlaghand ist auch die Greifhand wichtig bei der Erzeugung des gewünschten Tons und der Lautstärke. Um den besten Ton/Sustain zu erhalten, ist es wichtig, den Hals ziemlich fest zu greifen. Ein häufiges Merkmal der Gypsy-Jazz-Technik ist das schnelle Vibrato bei Einzelnoten, und um dies zu erreichen, muss die Greifhand einen festen Griff verwenden.

Um diesen Griff für das Spielen von Einzelnoten zu erhalten, musst du sicherstellen, dass dein Daumen auf der Rückseite des Gitarrenhalses verankert ist und nicht über den oberen Rand ragt.

Für das Rhythmusspiel spielt die Greifhand eine wichtige Rolle beim Dämpfen. Das schnelle Greifen und Loslassen der Greifhand ist entscheidend für den häufigsten Rhythmus im Gypsy Jazz. Beim Spielen von Rhythmus-Parts kommt *nun auch* der Daumen ins Spiel (im Gegensatz zur klassischen Gitarrentechnik), da einige Akkorde den Daumen zum Spielen von Bassnoten erfordern.

Achte genau auf deine Technik, wenn du nun beginnst, einige Rhythmen zu spielen.

Grundlegender *La Pompe* Swing

La Pompe ist die Essenz des Gypsy-Jazz-Swing-Rhythmus und muss unbedingt beherrscht werden, da er die Grundlage für Hunderte von Gypsy-Jazz-Titeln bildet. Wenn du diesen Rhythmus beherrschst, bist du für den Großteil des Repertoires gerüstet. *La Pompe* bedeutet wörtlich übersetzt „die Pumpe" und ist ein sehr perkussiver Rhythmusstil, der im Grunde genommen das Schlagzeug ersetzt.

Wir haben gesehen, dass viele der Akkorde, die du im Gypsy Jazz spielen wirst, einfache dreistimmige Voicings sind. Um *La Pompe* zu üben, beginnen wir mit einem Am6-Akkord, der aus den Noten A, F# und C besteht. Achte darauf, die Saiten zu dämpfen, die nicht gespielt werden sollen.

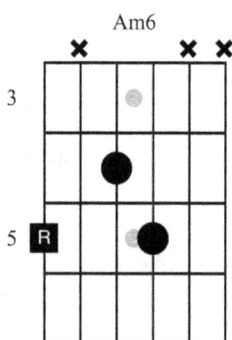

Zu Beginn spielen wir den Rhythmus gleichmäßig in 1/4-Noten - ein Abschlag pro Beat - und spielen jeden Akkord staccato mit der gleichen Betonung. Lasse deine Schlaghand durch den Akkord *fallen* und drehe sie leicht, wie oben beschrieben, um maximale Kraft zu erzielen. Sobald du die G-Saite (die oberste Note des Akkords) gespielt hast, hebe deine Greifhand leicht an, um die Saiten zu dämpfen - du musst nur die obersten vier Saiten anschlagen. Der Akkord sollte deutlich erklingen, aber schnell abklingen.

Beispiel 1h

Übe dieses Beispiel mehrmals und gewöhne dich an die Koordination zwischen Greif- und Schlaghand. Der Rhythmus sollte staccato sein, und außer den Am6-Akkordtönen sollten keine anderen Saiten erklingen.

Diesen Rhythmus zu spielen, klingt zunächst nicht besonders aufregend, aber es ist wichtig, die Mechanik des *Anschlags* der Schlaghand und der *Dämpfung* der Greifhand zu beherrschen und dies wirklich im Muskelgedächtnis abzuspeichern. Es ist verlockend, eine Bassnote anzuschlagen und dann den Rest des Akkords zu spielen, um den vertrauten „Boom Chick"-Rhythmus zu erzeugen, den wir alle kennen, aber lass das sein! Es ist wichtig, den Akkord von Anfang an geradlinig zu spielen.

Der nächste Schritt besteht darin, auf den Zählzeiten 2 und 4 einen leichten Akzent zu setzen. Höre dir die Audiobeispiele an, die diesem Buch als Download beiliegen, um genau zu hören, wie es klingen sollte. Ich spiele die Zählzeiten 1 und 3 in normaler Lautstärke und schlage die Saiten auf den Zählzeiten 2 und 4 etwas härter an. Du solltest einen feinen, aber wahrnehmbaren Unterschied hören.

Beispiel 1i

Nun spielst du das grundlegende Swing-Muster. Jeder Akkord wird immer noch für die gleiche Dauer einer 1/4-Note gespielt, aber die Schläge 2 und 4 werden hervorgehoben. Es ist nichts Ausgefallenes dabei - es gibt keine ausklingenden Akkorde, keine Auf- oder doppelten Abschläge – lediglich einen soliden, treibenden Rhythmus, der den Backbeat betont.

Schau dir das Spiel von Hono Winterstein an und du wirst feststellen, dass er die meiste Zeit dieses sehr einfache Pattern spielt. Hör dir an, wie er den Rhythmus für das Up-Tempo-Stück *New York City* auf der Spotify-Playlist dieses Buches vorgibt. Das ist es, wovon ich spreche!

Das Wichtigste, was du zu diesem Zeitpunkt in deinem Spiel tun kannst, ist nicht, komplexe, beeindruckende Rhythmen zu lernen, sondern ein wirklich gutes Timing zu entwickeln. Wenn du in der Lage bist, das einfache *La Pompe* Swing-Pattern mit felsenfestem Timing zu spielen, wirst du ein großartiger Gypsy-Jazz-Spieler sein.

Stelle dein Metronom auf ein mittleres Tempo ein und übe Beispiel 1i immer wieder. Erhöhe das Tempo erst, wenn du perfekt im Takt spielst, und dann auch nur nach und nach. Später wirst du feststellen, dass viele Stücke des Repertoires sehr schnell gespielt werden, daher kann ich nicht genug betonen, wie wichtig es ist, diesen Rhythmus sauber und genau zu treffen.

Ein letzter Ratschlag zum Spielen von *La Pompe*: Viele Spieler denken, dass sie ordentlich in die Saiten hauen müssen, um diesen Rhythmus zu spielen und so laut wie möglich spielen sollten. Das ist falsch! Der Rhythmus kann sehr subtil gespielt werden, vor allem, wenn du andere Instrumentalisten begleitest - das trägt sogar dazu bei, dass er mehr swingt. Übe, den Rhythmus mit unterschiedlicher Dynamik zu spielen; das Ziel ist, den Solisten gut klingen zu lassen!

NB: Wenn du dich eingehender mit dem Gypsy Jazz beschäftigst, wirst du feststellen, dass es subtile Nuancen von *La Pompe* gibt, die zu bestimmten Liedern und Tempi passen. Es ist gut, einige Optionen zu haben. Wenn du mehr erfahren möchtest, habe ich vor kurzem eine Live-Masterclass für meinen Gypsy Jazz Club gegeben, in dem ich jede Variation durchgespielt habe. Die Masterclass „Mastering *La Pompe* Swing Rhythm" kannst du hier abrufen:

https://l.robinnolan.com/kzvqk

Upstrokes im Rosenberg-Stil

Lass dich nicht dazu verleiten, ungeduldig oder nachlässig mit *La Pompe* zu sein. Nimm dir Zeit, bis du den Rhythmus wirklich beherrschst und spiele ihn, bis er sich ganz natürlich anfühlt. Wenn du so weit bist, kannst du die vielen subtilen Variationen dieses grundlegenden Gypsy-Rhythmus erkunden.

Die erste ist ein Rhythmus, der sich auf den *Aufwärtsakzent* konzentriert und der durch den großen Jimmy Rosenberg populär wurde. Wenn er in vollem Tempo gespielt wird, wirkt er insgesamt schwungvoller als der Grundrhythmus *La Pompe*. Wir werden ihn verlangsamen und analysieren, was vor sich geht. Es gibt schnelle Aufwärtsschläge (Upstrokes), die vor Beat 3 und nach Beat 4, kurz vor dem nächsten Beat 1, auftreten. Es ist einfacher, diesen Rhythmus zu hören, als ihn zu lesen. Sieh dir deshalb zunächst das kurze Demonstrationsvideo an:

https://geni.us/gypsyvideos

Nun wollen wir die Schläge aufschlüsseln, aus denen das Muster besteht. Innerhalb eines 4/4-Takts beginnt der Rhythmus mit einem Abschlag und endet mit einem Aufschlag, so dass er leicht geloopt werden kann. Das macht die Schlaghand während eines Taktes:

- Abschlag

- Abschlag

- Aufschlag

- Abschlag

- Abschlag

- Aufschlag

Du kannst den Rhythmus als „1, 2, und 3, 4 und" zählen. Hör dir das Audiobeispiel an und versuche, den Rhythmus nachzuspielen.

Beispiel 1j

Es gibt eine Menge Diskussionen darüber, wo der Aufschlag in diesem Rhythmus platziert werden sollte, um das richtige Gefühl einzufangen, und das kann verwirrend sein für Spieler, die gerade erst in den Stil einsteigen. Ich sehe es so: Der Aufschlag sollte im *letzten möglichen Moment* vor dem nächsten Taktschlag erfolgen!

Hier ist eine gute Übung, um das Hören des Aufschlagsimpulses zu trainieren: Zähle laut „1, 2, 3, 4 und, 1, 2, 3, 4 und..." usw. (Wir konzentrieren uns nur auf den zweiten Aufschlag). Zähle jedes „und" erst zum letztmöglichen Moment vor dem nächsten Schlag.

Versuche es nun mit dem vollständigen Rhythmus, indem du zweimal „und" in den Takt einfügst:

„1, 2 *und* 3, 4 *und*, 1, 2 *und* 3, 4 *und*...".

Übe dies unbedingt mit einem Metronom, um den Groove zu festigen. Spiele nun Beispiel 1j noch einmal durch. Nimm dir viel Zeit, um das Muster zu verinnerlichen und übereile es nicht.

Schau dir die Videos zur Rosenberg-Upstroke-Technik und zum Workout an:

https://geni.us/gypsyvideos

Der Gypsy Bossa

Obwohl viele Gypsy-Jazz-Standards in einem Swing-Rhythmus geschrieben sind, ist der Gypsy Bossa ein wichtiger Rhythmus, den man lernen sollte. Es gibt viele coole Stücke, die diesen Rhythmus verwenden, wie *Bossa Dorado* und *For Sephora*. Um den Rhythmus zu lernen, werden wir ihn über eine Akkordfolge spielen, die den ersten acht Takten von *Bossa Dorado* ähnelt:

| Dm | % | E7 | % | Em7b5 | A7 | Dm | A7 |

Im Gypsy Jazz ist der Bossa ein Strumming-Rhythmus und jeder Takt ist identisch. Schauen wir uns an, was passiert. Den Schlagrhythmus kann man sich einfach so vorstellen: Ab-auf-ab-auf. Sein unverwechselbarer Klang entsteht dadurch, dass der zweite Abschlag sofort nach dem Spielen *gedämpft* wird:

Ab-auf-*ab*-auf

Führen das Abdämpfen aus, indem du deine Greifhand leicht anhebst oder indem du die Saiten mit deiner Schlaghand dämpfst. Wichtig ist, dass sich die Schlaghand gleichmäßig ab und auf bewegt, verwende also die Methode, die sich für dich am natürlichsten anfühlt. Der Gesamteffekt sollte sein, dass du deinem Rhythmus einen Backbeat gibst. Hör dir zunächst das Audiobeispiel genau an und probiere es dann selbst aus.

Schau dir die Videos zur Gypsy Bossa-Technik und zum Workout auf der Website von Fundamental Changes an.

Beispiel 1k

Stelle dein Metronom auf ein angenehmes Tempo ein und erhöhe dann die Geschwindigkeit allmählich. Dein Ziel ist es, einen starken Backbeat-Groove zu erzeugen.

Du wirst diesen Rhythmus immer mit einem Abschlag beginnen, aber sobald er als Schleife läuft, wirst du die Akkorde mit einem Aufschlag wechseln. Das ist völlig in Ordnung! Um Lücken im Strumming zu vermeiden, kannst du zum nächsten Akkord in der Progression wechseln, bevor du ihn anschlägst.

Vor kurzem habe ich für einen Schüler eine Videolektion erstellt, um ihm zu helfen, den Gypsy Bossa aufzuschlüsseln und ihm ein solides, groovendes Gefühl zu geben. Das Video kannst du dir hier ansehen:

https://l.robinnolan.com/bu35z

Der Gypsy Bolero

Django Reinhardt schrieb einige Stücke, die den Gypsy-Bolero-Rhythmus verwenden, wie z. B. den berühmten *Troublant Bolero*. Es ist ein nützlicher Rhythmus, den man als Rhythmusgitarrist beherrschen sollte, und oft macht es Spaß, andere Stücke an diesen Stil anzupassen (*Something Stupid* von Frank Sinatra funktioniert wirklich gut).

Im folgenden Beispiel spiele ich ein Gypsy-Jazz-Voicing von Emaj9 in der 7. Position - der erste Akkord von *Troublant Bolero*. Wie üblich wurde die 5 des Akkords (B) um eine Oktave nach unten in den Bass verschoben, wobei die 3 (G#), die 7 (D#) und die 9 (F#) übereinander liegen.

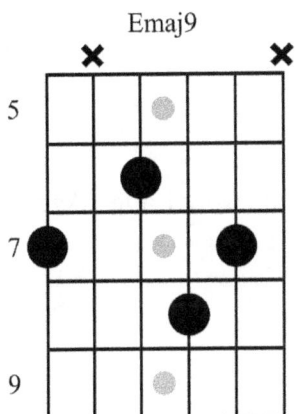

Der Strumming-Rhythmus ist ein zweitaktiges Muster und kann wie folgt unterteilt werden:

Takt 1:

- Abschlag

- Ab-auf-ab-auf

- Abschlag

Takt 2:

- Abschlag

- Abschlag

- Abschlag

- Abschlag

Dies kann auf zwei verschiedene Arten gespielt werden. In Beispiel 1l klingen die Akkorde frei aus (mit Ausnahme der schnellen Ab-Auf-Ab-Auf-Bewegung):

Beispiel 1l

Alternativ kann das Muster für einen dramatischen Effekt auch enger gespielt werden, wobei alle Akzente staccato gesetzt werden.

Beispiel 1m

Übe die beiden obigen Beispiele und achte auf Genauigkeit beim Anschlag und eine gleichmäßige Lautstärke. Am schwierigsten zu meistern ist die schnelle *ab-auf-ab-auf* Bewegung. Die Schlaghand leistet hier die meiste Arbeit, daher empfehle ich, nur die gedämpften Saiten anzuschlagen, solange du an deiner Genauigkeit arbeitest.

Schau dir die Gypsy Bolero Technik- und Workout-Videos auf der Fundamental Changes-Website an, und höre dir unbedingt den *Troublant Bolero* des Rosenberg Trios in der Spotify-Playlist an.

Die Gypsy Samba

Von allen Gypsy-Rhythmen ist die Gypsy Samba einer der schwierigsten, aber genau das macht ihn auch zu einem der spannendsten. Wenn man diesen Rhythmus beherrscht, klingt er einfach großartig. Hör dir die Version des Rosenberg Trios von Duke Ellingtons „*Caravan*" an. Sie spielen es als Samba und Nous'che Rosenberg ist ein Meister dieses Rhythmus.

Wir spielen diesen Rhythmus mit einem C7-Akkord mit der 5 (G) im Bass.

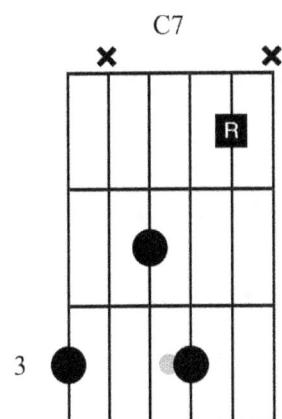

Dieser Rhythmus beginnt mit einem Abschlag und enthält nur Ab- und Aufschläge in Form von 1/16-Noten. Wenn er gleichmäßig gespielt würde, würde man innerhalb eines Taktes einen geraden 1234, 1234, 1234, 1234-Rhythmus spielen. Was dem Rhythmus sein Samba-Gefühl verleiht, sind die akzentuierten Schläge.

Übe zu Beginn, einen geraden 1/16-Noten-Rhythmus mit deiner Spielhand zu schlagen, um sicherzustellen, dass er sauber und konsistent ist.

Die nachstehende Notation zeigt, welche Zählzeiten akzentuiert sind. In der ersten Gruppe von 1/16-Noten sind die Schläge 1 und 4 akzentuiert. In der zweiten Gruppe ist nur Schlag 3 akzentuiert. Dieses Muster wiederholt sich in der zweiten Hälfte des Takts. Wenn du dein Metronom auf einen 1/4-Notenpuls einstellst und nur die akzentuierten Noten laut zählst, wirst du feststellen, dass du innerhalb eines Taktes 1, 2, 3, 1, 2, 3 zählst. Es ist dieser „Drei-über-Vier"-Takt, der der Samba ihr charakteristisches, beschwingtes Gefühl verleiht.

Beispiel 1n

Halte den C7-Akkord leicht gedrückt, so dass die Saiten gedämpft sind. Übe nur auf die akzentuierten Zählzeiten Druck mit der Greifhand aus, damit sie richtig hervorstechen. Hör dir das Audiobeispiel an, um zu erfahren, wie es klingen sollte. Es ist deinen Greifhand, die die ganze Arbeit macht, um den Samba-Puls zu erzeugen.

Beispiel 1o

Ein wichtiger Tipp, um diesen Rhythmus in einem schnelleren Tempo spielen zu können, ist es, mit Leichtigkeit zu spielen. Schlage nicht zu hart an. Du musst dich nicht besonders anstrengen, um diesen Groove zu erzeugen. Halte deine Strumming-Hand ganz entspannt. Wenn du mit diesem Rhythmus mutiger wirst, versuche es doch einmal mit den ersten Takten von *Caravan*!

Beispiel 1p

Vergiss nicht, dir die Videos zur Gypsy Samba-Technik und zum Workout auf der Fundamental Changes-Website anzusehen.

Der Gypsy Waltz

Im Gypsy-Stil gespielt, hat der Walzer einen unverwechselbaren Geschmack und kann durch das Anschlagen von Basstönen, gefolgt von Akkorden, oder durch einfaches Strumming gespielt werden. Es gibt nicht allzu viele Stücke im 3/4-Takt im Gypsy-Repertoire, aber ein berühmtes Stück, das du dir unbedingt ansehen solltest, ist Django Reinhardts *Montagne Sainte-Geneviève*.

Wir spielen den Walzer zunächst auf die erste Weise, basierend auf einem offenen E-Moll-Akkord. Da wir im 3/4-Takt spielen, zählen wir 123, 123 usw. In Takt 1 schlägst du die tiefe E-Saite an und spielst dann den Rest des Akkords zweimal, so dass die Noten erklingen. In Takt 2 spielst du die A-Saite im zweiten Bund als Bassnote und dann den Akkord. Spiele die Bassnoten in jedem weiteren Takt abwechselnd.

Beispiel 1q

In Beispiel 1r wird diese Idee in einer einfachen Progression von Em7 nach B7 umgesetzt. Spiele den Wechselbass auf dem B7-Akkord, indem du deinen Mittelfinger über die Saiten bewegst, während du den Rest des Akkords gedrückt hältst. Das Ziel ist es, die Bassnoten laut und klar hervorzuheben.

Beispiel 1r

Bei der zweiten Spielweise verwenden wir normalerweise einen geschlossenen Barré-Akkord. Wir spielen einen E-Moll-Barre-Akkord in der siebten Position. Das Muster ist über zwei Takte verteilt. Im ersten Takt wird jeder Schlag gerade mit einem Abwärtsschlag gespielt, aber mit einem Aufwärtsschlag kurz vor Takt 1 des zweiten Taktes. Takt 2 enthält drei Abwärtsschläge, alle auf dem Beat. Zähle so: 1 2 3 und, 1 2 3 - mit dem Aufschlag auf dem „und".

Beispiel 1s

Sieh dir die Technik- und Workout-Videos auf der Website von Fundamental Changes an.

Der Gypsy Finger-Bossa

Dieser Rhythmus ist ein Bossa im Gypsy-Stil, wird aber mit den Fingern gespielt, um ein sanfteres Gefühl zu erzeugen. Wir spielen ihn mit einem Standard-Gmaj7-Akkord.

Der Rhythmus wird mit einem Abschlag auf der Bassnote, gespielt mit dem Daumen, gefolgt von einem Aufschlag mit den Fingern, ausgeführt. Darauf folgt ein Staccato-Aufschlag mit den Fingern. Bevor ich den schnellen Aufschlag spiele, schlage ich mit dem Daumen leicht auf die Basssaite, was dem doppelten Zweck dient, die Saite zu dämpfen und einen perkussiven Klang zu erzeugen. Es erzeugt einen schönen Backbeat für den Rhythmus. Im Audiobeispiel kannst du hören, wie ich das mache. Höre es dir an und versuche es selbst.

Ich spiele Djangos *Nuages* oft in diesem Rhythmus, und er klingt auch auf *Tears* wunderschön.

Beispiel 1t

Sieh dir die Technik- und Workout-Videos auf der Website von Fundamental Changes an.

Balladen-Rhythmus

Ich spiele sehr gerne Balladen und nehme sie oft ins Live-Programm auf. Wenn ich Solo spiele, ist es für mich sehr wichtig, wie der Rhythmusgitarrist die Ballade spielt, denn es kann einen großen Unterschied für das Gefühl des Songs machen. Deshalb möchte ich hier einige Tipps geben.

Das erste, was man wissen muss, ist, dass eine Ballade nicht wie ein Swing-Rhythmus, nur langsamer, gespielt werden kann! Dieser Ansatz klingt immer schrecklich. Stattdessen müssen wir den Akkord „streicheln" und die Noten wirklich hervorheben. Trotzdem können wir mit einem entschlossenen Rhythmus spielen, der das Tempo solide hält.

Das nächste Beispiel scheint vom Rhythmus her sehr einfach zu sein, mit Akkorden, die im Vierertakt mit einem Abschlag gespielt werden. Aber hier ist der Tipp, um langsame Stücke mit dem richtigen Taktgefühl zu spielen: Obwohl ich nur 1/4-Noten anschlage, bewege ich meine Schlaghand *so, als würde ich 1/8-Noten spielen.*

Hier ist das notierte Beispiel. Die Akkorde sind die Eröffnungstakte von *Nuages.* (NB: in der zweiten Hälfte von Takt 1 spiele ich ein Eb9 mit seiner 5 (Bb) im Bass).

Beispiel 1u

Obwohl nur die 1/4-Noten angeschlagen werden, spiele ich zwischen jedem Schlag einen „Ghost"-Abschlag, *ohne* die Saiten zu berühren. Du wirst sehen, dass viele Gypsy-Jazz-Spieler dies tun. Warum? Wenn man sehr langsam spielt, denkt man leicht, dass man einen gleichmäßigen Takt hält, obwohl das nicht der Fall ist! Der Schlagarm ist jedoch wie das Pendel einer Uhr. Wenn du einen schnelleren, regelmäßigen Rhythmus beibehältst, wird es dir leichter fallen, den 1/4-Noten-Takt perfekt zu treffen. Stelle dein Metronom auf etwa 70 bpm ein, um dieses Beispiel zu üben.

Bei der Begleitung eines Solisten kann es sehr effektiv sein, die Akkorde wie oben beschrieben zu spielen, während die Melodie gespielt wird, und dann zu Beginn oder während des Solos ein Stakkato-Muster zu spielen, um die Dramatik zu erhöhen. Beachte die Abschläge zwischen den Schlägen.

Beispiel 1v

Sieh dir die Technik- und Workout-Videos auf der Website von Fundamental Changes an.

Du bist nun in der Lage, alle Gypsy-Jazz-Rhythmen, die dir im Repertoire begegnen werden, zu identifizieren und zu spielen, und du hast die gängigsten Akkordformen gelernt. Zum Abschluss dieses Abschnitts findest du einige Übungen, die dir helfen werden, die verschiedenen Gypsy-Rhythmus-Fähigkeiten zu entwickeln und zu verfeinern. Du kannst diese Übungen in deine persönliche Übungsroutine integrieren. Videos zu den einzelnen Übungen findest du auf der Website von Fundamental Changes unter:

https://geni.us/gypsyvideos

Säule 1 Rhythmusübungen

Die erste Übung ist ein *Tremolando*-Strumming-Muster, mit der du das Handgelenk deiner Spielhand lockern kannst.

In Übung 1 spielst du Strumming mit gedämpften Saiten. Spiele zu einem moderaten Metronom-Tempo zunächst 1/4-Noten, dann 1/8-Noten und schließlich 1/16-Noten.

Übung 1

Übung 2 ist ein Gypsy-Handgelenkstraining, das auf einem grundlegenden ab-auf-ab-ab Strumming-Muster basiert. Das Strumming-Muster wird wiederholt, um dieses kontinuierliche Pattern zu erzeugen:

Ab-auf

Ab-ab-auf

Ab-ab-auf

Ab-ab-auf usw.

Spiele auch hier mit gedämpften Saiten und konzentriere dich ausschließlich auf die Bewegung des Schlagarms, mit einer guten Arm-/Handgelenk-/Handposition, wie zu Beginn dieser Säule dargestellt.

Übung 2

Übung 3 ist ein Workout zur Stärkung der Greifhand. Wir nehmen einen D6-Akkord und spielen mit ihm einen Swing im *La Pompe* Stil. Übe das *Drücken* der Greifhand, um den Akkord zu greifen, und lasse ihn dann schnell los. Das Drücken fällt genau auf jeden Schlag und das schnelle Loslassen erzeugt den gewünschten Staccato-Sound.

Übung 3

Als Nächstes folgt eine Swing-Übung, mit der du dein *La* Pompe-Gefühl verfeinern kannst. Spiele diese Übung mit gedämpften Saiten. Sie besteht aus kurzen, stakkatoartigen Strumming-Hand-Abschlägen mit Betonung auf den Zählzeiten 2 und 4. Stelle dein Metronom auf 120 bpm und spiele diese Übung so lange, bis du das Swing-Gefühl wirklich verinnerlicht hast.

Übung 4

Spiele nun die Übung noch einmal, aber dieses Mal mit einem Am6-Akkord:

Übung 5

Beherrschung des Gypsy Rhythmus

Als Bonus zum diesem Buch möchte ich dir Zugang zu einer einstündigen Gypsy-Rhythmus-Videolektion geben, die von meinem Bruder Kevin und mir unterrichtet wurde. Sie stammt aus einem von uns entwickelten Trainingskurs namens *Gypsy Rhythm Domination*. Kevin ist einer der besten Gypsy-Rhythmus-Spieler überhaupt - ich habe es ihm beigebracht! Du kannst das Video hier finden:

https://l.robinnolan.com/63ytt

Säule 2: Einführung in das Gypsy-Solospiel

In diesem Kapitel werden wir uns mit der Kunst der Gypsy-Jazz-Gitarrenimprovisation beschäftigen. Dies ist ein potenziell sehr umfangreiches Thema, aber wie bei der Gypsy-Rhythmusgitarre werden wir uns direkt auf das *Wesentliche* konzentrieren, damit du schnell und mit einem Minimum an Theorie authentische Licks spielen kannst. Wie beim Erlernen einer Sprache werden wir mit einigen nützlichen Phrasen beginnen, die grundlegend für dein Gypsy-Jazz-Vokabular sein werden. Unser primäres Ziel ist es, großartige Musik zu machen, und ich möchte dich mit einigen Licks ausstatten, die dich auf den Weg dorthin bringen.

Ich habe diesen Teil in drei Bereiche unterteilt, damit du schnell zum Solospiel kommst:

Tonleitern und Arpeggios - Obwohl du viele dieser Informationen wahrscheinlich schon kennst, werden wir hier die grundlegenden Tonleitern und Arpeggios behandeln, die im Gypsy Jazz wichtig sind.

Licks - Du lernst ein paar reizvolle Licks, die du für jeden Akkordtyp kennen musst: Dur, Moll, Dominant-7, vermindert und übermäßig.

Gehörbildung - Zum Schluss zeige ich dir eine großartige Übung zur Gehörbildung, die du auf jede beliebige Melodie anwenden kannst und die dir zeigt, wie du die guten Noten (und die schlechten Noten!) erkennst.

Wenn du daran arbeitest, diese drei Elemente zu kombinieren, bist du auf dem besten Weg, großartige Soli komponieren zu können.

Tonleitern und Arpeggios

Die Durtonleiter

Die erste und naheliegendste ist die Dur-Tonleiter. Es gibt viele Bücher, die dir zeigen, wie du diese Tonleiter in jeder möglichen Position auf dem Griffbrett spielen kannst, aber hier gebe ich die Positionen weiter, die ich ständig verwende und die im Gypsy Jazz tendenziell einfacher sind. Hier ist die G-Dur-Tonleiter, die in der 3. Position horizontal über den Hals gespielt wird. Du solltest mit diesem Klang sehr vertraut sein.

Übung 1 - G-Dur-Tonleiter

Hier siehst du die Skala in vertikaler Anordnung. Wenn du eine Tonleiter über das Griffbrett aufsteigst, gibt es verschiedene Möglichkeiten für *Übergangspunkte,* d.h. Punkte, an denen du die Saiten wechseln musst, um die weiteren Noten der Tonleiter spielen zu können. Ich habe einen Übergangspunkt gewählt, der mir sinnvoll erscheint, aber probiere aus, welche anderen Möglichkeiten du findest, um durch die Tonleiter zu navigieren.

Übung 2 - G-Dur-Tonleiter, vertikal

Schließlich ist hier die Skala vertikal im höheren Register angeordnet.

Übung 3 - G-Dur-Tonleiter, höhere Lage

Die Dur-Tonleiter ist vielleicht das Grundlegendste, was wir als Gitarristen lernen, aber unterschätze nicht, wie wichtig es ist, sie in allen Tonarten gründlich zu kennen.

Erstens ist die einfache Durtonleiter etwas, auf das man zurückgreifen kann, wenn man sich in einem Stück ein wenig verirrt hat, weil sie „sichere" Noten enthält. Wenn du in der Tonart G spielst, enthält die G-Dur-Tonleiter keine „Noten, die zu vermeiden sind."

Zweitens können wir der einfachen Durtonleiter chromatische Noten hinzufügen, um sie aufzupeppen und einfache, aber effektive Licks und Phrasen zu schaffen. Stelle dir chromatische Noten als „Verbindungspunkte" der Skalentöne vor. Um zu veranschaulichen, was ich meine, ist hier ein Lick, das auf dem horizontalen G-Dur-Tonleitermuster in der dritten Position basiert. Spiele es über einem G6- oder Gmaj7-Akkord.

Beispiel 2a

Hier ist eine weitere Idee, die eine Gmaj7-Akkordform andeutet und einen chromatischen Lauf nach unten auf der hohen E-Saite beinhaltet.

Beispiel 2b

Zum Schluss ein Dur-Lick, bei dem eine Phrase wiederholt wird, während die Tonleiter aufsteigt und mit einem chromatischen Muster endet.

Beispiel 2b1

Höre dir als Hausaufgabe einige Gypsy-Jazz-Standards an, die in Dur stehen, z. B. *All of Me, Coquette* und *Swing 42,* und schaue, ob du erkennen kannst, wann die Solisten chromatische Läufe in ihre Soli einbauen. Als Nächstes erstelle einen mittelschnellen G-Dur-Akkord-Loop und experimentieren mit kurzen Phrasen wie den obigen. Spiele einige Phrasen nur mit G-Dur-Tonleiternoten und schau dann, welche Linien du durch Hinzufügen chromatischer Durchgangsnoten erzeugen kannst. Höre dir dann an, wie der Meister selbst, Django, einige coole Lines über *Swing 42* (auf der Spotify-Playlist) spielt.

Moll-Tonleitern

In der musikalischen Harmonielehre gibt es drei gängige Molltonleitern: Harmonisches Moll, natürliches Moll (auch bekannt als äolischer Modus) und melodisches Moll (manchmal auch als Jazz-Moll-Tonleiter bezeichnet). Das kann verwirrend sein für Leute, die gerade erst Gitarre lernen und sich mit jazzigeren Spielweisen beschäftigen wollen. Ich halte die Dinge gerne einfach und konzentriere mich nur auf die Harmonische Molltonleiter. Sie ruft sofort an den Gypsy-Jazz-Sound hervor, und ich bin der Meinung, dass die Feinheiten, die die anderen Moll-Tonleitern mit sich bringen, durch die Verwendung chromatischer Durchgangsnoten hinzugefügt werden können. Hier sind drei Positionen der Tonleiter, die man kennen muss:

Übung 4 – G - Harmonisch Moll in horizontaler Anordnung

Übung 5 – G - Harmonisch Moll in vertikaler Anordnung

Übung 6 – G - Harmonisch Moll vertikal im höheren Register angeordnet

Nimm dir Zeit, um sich mit dem Klang und dem Muster der Tonleiter vertraut zu machen. Wenn du die Grundform in- und auswendig kennst, kannst du anfangen, Durchgangsnoten hinzuzufügen, um interessantere Phrasen zu bilden. Versuche diese absteigende Linie über einem G-Moll-Akkord.

Beispiel 2c

Hier ist eine komplexere Linie, die den Gypsy-Geschmack der Tonleiter wirklich zur Geltung bringt. Loope einen G-Moll-Akkord, zu dem du jammen kannst und spiele diese Tonleiter viele Male langsam durch, um ihren Klang zu verinnerlichen. Nimm dir Zeit!

Beispiel 2d

Hier ist eine letzte Linie, die den Gypsy-Geschmack dieser Tonleiter hervorhebt. Wende ein ausgiebiges, schnelles Vibrato auf der Eb-Note auf der G-Saite im 8. Bund an.

Beispiel 2d1

Experimentiere nun mit einem G-Moll-Akkord-Vamp. Spiele die Tonleiter viele Male, um den Klang in deinem Kopf zu verankern und beginne dann, chromatische Noten hinzuzufügen, um Phrasen zu bilden. Höre dir einige klassische Gypsy-Standards an, die in Moll-Tonarten geschrieben sind. Die Auswahl ist groß: *Minor Swing* und *Douce Ambiance* sind wunderbar für den Anfang.

Dur-Arpeggios

Neben skalenbasierten Läufen hört man im Gypsy Jazz auch viele arpeggiobasierte Licks. Deshalb schauen wir uns jetzt die wichtigsten Dur- und Moll-Arpeggios an, die man kennen sollte.

Hier ist eine Arpeggioform in Dur, die ich häufig in den beiden gängigsten Lagen verwende. Ganze Bücher sind über Arpeggios geschrieben worden, und ein guter Ansatz ist es, das gesamte Griffbrett abzubilden, so dass man in jeder denkbaren Zone des Halses spielen kann. Hier geht es mir jedoch darum, dir die nützlichsten Formen für das Spielen von Gypsy Jazz zu geben, die in der Regel um die beliebten, einfachen Akkord-Voicings herum angeordnet sind.

Hier ist ein G-Dur-Arpeggio vertikal angeordnet, auf- und absteigend. Dieses Muster deckt einen ziemlich großen Bereich des Griffbretts ab. Ich benutze einen schnellen Slide auf der G-Saite, von Bund 4 bis 7, um die Position meiner Greifhand zu verändern. Der Slide wird beim Abstieg wieder rückwärts gespielt.

Beispiel 2e

Hier ist das gleiche Arpeggio eine Oktave höher angeordnet.

Beispiel 2f

Wie bei den Dur/Moll-Tonleitern können wir die Lücken in diesen Mustern ausfüllen, um Phrasen und Licks zu kreieren, die mehr Spannung und Bewegung enthalten. Hier ist eine Idee, die chromatische Noten als Pedalton verwendet (eine sich wiederholende Phrase, die gegen eine gemeinsame Note gespielt wird):

Beispiel 2g

Hier ist eine komplexere Linie, die dieselbe chromatisch absteigende Phrase im Abstand einer Oktave verwendet.

Beispiel 2h

Moll-Arpeggios

Hier sind die Formen, die ich normalerweise für Moll-Arpeggios verwende. Zunächst ein horizontales Arpeggio in G-Moll in der 3. Position, aufsteigend und absteigend.

Beispiel 2i

Hier ist das gleiche Arpeggio in der höheren Lage.

Beispiel 2j

Wir haben festgestellt, dass diese Arpeggios durch die Hinzufügung von Durchgangsnoten nützlich und interessant werden. Eine gängige Technik besteht darin, das Arpeggio „vorwegzunehmen", indem man eine Annäherungsnote einen Halbton unter dem Grundton spielt. Hier ist eine einfache Linie, die diese Idee verwendet und auf der 6 (E) des Akkords endet. So einfach diese Idee auch ist, sie erzeugt sofort den Geschmack des Gypsy Jazz.

Beispiel 2k

Wann immer du eine schöne Melodie findest, die dir gefällt, solltest du sie in anderen Oktaven auf der Gitarre spielen und auch in andere Tonarten transponieren. Hier ist dieselbe Linie in einem höheren Register gespielt.

Beispiel 2l

Dur-Akkord-Licks

Im Gegensatz zum Bebop oder moderneren Jazzgitarrenstilen weist der Gypsy Jazz weniger komplexe Akkordwechsel auf und hat längere Vamps auf einem einzigen Akkord. Dies eignet sich hervorragend zum Erlernen von Standardphrasen, die zu längeren Linien zusammengefügt werden können. Je mehr du dein Vokabular erweiterst, desto mehr wirst du anfangen, diese Linien selbst zu „hören". Hier sind drei wichtige Gypsy-Jazz-Licks, die du über Dur-Akkorde spielen kannst.

Die erste Linie ist eine, die ich häufig verwende und die über einem G-Dur-Akkord gespielt wird. Sie beginnt auf der Note B (der 3 des zugrundeliegenden G-Dur-Akkords) auf der hohen E-Saite und wandert dann chromatisch nach oben, um eine D-Note (die 5 von G-Dur) zu erreichen. Die letzten drei Noten der Linie bilden einen G-Dur-Dreiklang.

Ich empfehle, die erste Note dieses Licks eher mit einem *Aufschlag* als mit einem Abschlag zu spielen, so dass du die Ziel-Note D mit einem starken Abschlag triffst.

Beispiel 2m

Versuche, dieses Lick auf einige andere Akkorde anzuwenden. Denke daran, dass das Lick auf der 3 des Akkords beginnt, die du schnell finden kannst, indem du drei Stufen in der Dur-Tonleiter aufwärts gehst. (Wenn du zum Beispiel über einen E-Dur-Akkord spielst, beginnt die Linie auf der Note Ab).

Als Nächstes folgt eine großartige Arpeggio-Linie über einem C-Dur-Akkord, die zeigt, wie effektiv es sein kann, Phrasen über eine Oktave zu wiederholen. Der Akkord Cmaj7 besteht aus C (Grundton), E (3), G (5) und B (maj7), und diese Phrase beginnt auf der großen Septime (maj7) des Akkords.

Um den ersten Teil dieser Phrase zu spielen, verwende abwechselnd den Zeige- und Mittelfinger deiner Greifhand, um die Noten auf der tiefen E-Saite zu spielen, und den Zeigefinger, um die E-Note auf der A-Saite zu spielen. Für die darauf folgende G-Note solltest du nicht den kleinen Finger, sondern den Mittelfinger zum Greifen verwenden. Dadurch wird deine Hand in die richtige Position gebracht, um den nächsten Teil der Phrase zu spielen. Wenn du Gypsy-Jazz-Spieler beobachtest, wirst du feststellen, dass sie oft Phrasen spielen, die vertikal über das Griffbrett auf- und absteigen, anstatt horizontal. Das ist charakteristisch für diese Art des Spiels.

Zum Abschluss dieser Phrase kannst du die chromatische Bewegung von der Note B nach A auf der B-Saite mit einem Slide und viel schnellem Vibrato ausführen, um einen authentischen Gypsy-Jazz-Effekt zu erzielen. Dieses vielseitige Lick klingt sowohl schnell als auch langsam gespielt großartig. Probiere es in verschiedenen Tonarten und Tempi aus.

Beispiel 2n

Unser drittes Lick wird ebenfalls über einen C-Dur-Akkord gespielt und hat eine leicht bluesige Note. Es ist die Art von Linie, die Django oft gespielt hat. Du wirst sofort sehen, dass das, was diese Linie so effektiv macht, die Annäherungsnoten sind, die auf die starken Akkordtöne abzielen, wie die Bewegung von Eb nach E auf der hohen E-Saite und die gleiche Bewegung, die eine Oktave tiefer auf der G-Saite wiederholt wird. Die Annäherungsnote erzeugt einen Moment der Spannung, die schnell wieder aufgelöst wird. Diese Linie eignet sich hervorragend für Django-Titel im mittleren Tempo, wie z. B. *Artillerie Lourde*.

Bei all diesen Licks solltest du darauf achten, dass du sie wirklich sauber spielen kannst. Spiele sie korrekt und langsam, bevor du sie schnell probierst.

Beispiel 2o

Moll-Akkord-Licks

Jetzt wenden wir uns drei Licks zu, die besonders gut über Moll-Akkorden funktionieren. Eine einfache Sache, die du immer tun kannst, ist, das Vokabular, das du bereits kennst, anzupassen. Dieses erste Moll-Lick ähnelt dem, was wir über G-Dur gespielt haben, angepasst an einen G-Moll-Akkord. So klingt es:

Beispiel 2p

Beispiel 2o ist ein typisches Lick, das ich über einem Moll-Akkord spielen könnte. Es fängt die Essenz des Hot Club/Django-Sounds ein und ist eine großartige Phrase, die als Loop gespielt werden kann. Bei diesem Lick gibt es zwei Dinge zu beachten. Die erste ist die Verwendung einer „Enclosure". Mit anderen Worten, wir *zielen* auf eine Note *ab*, indem wir Annäherungsnoten spielen, die sie *umschließen* oder *umspielen*. Das Lick beginnt mit der Note D auf der B-Saite, 3. Bund. Dies ist die 5 des G-Moll-Akkords. Sie wird von Noten umschlossen, die jeweils einen Halbton daneben liegen, und mit einem Hammer-On/Pull-Off gespielt. Höre dir das Audiobeispiel an, und du wirst schnell verstehen, wie man es spielt.

Das zweite, was auffällt, ist die rhythmische Phrasierung. Obwohl die Phrase jedes Mal dieselbe ist, fallen die starken Noten rhythmisch gesehen in jedem Takt auf einen anderen Schlag. Zum Beispiel fällt in Takt 1 die Bb-Note (die kleine Terz des G-Moll-Akkords) auf der hohen E-Saite, 6. Bund, auf Schlag 3. Wenn die Phrase wiederholt wird, fällt dieselbe Note auf Schlag 1 des dritten Takts.

Dies ist nur eine Möglichkeit, diese Linie zu spielen. Sie ist sehr anpassungsfähig, also schalte dein Metronom ein und spiele damit herum. Versuche einmal, die Phrase auf Schlag 2 von Takt 1 zu beginnen und sie als Loop weiterzuspielen.

Beispiel 2q

Lick Nummer drei ist eine Arpeggio-Idee, die auf der 9 (A) des G-Moll-Akkords beginnt. Es handelt sich um dieselbe Phrase, die im Abstand einer Oktave wiederholt wird. Spiele die erste Hälfte der Phrase nur mit Abschlägen und greife die benachbarten Noten am 5. Bund mit deinem Zeigefinger, wie ein Mini-Barré. Slide mit dem Mittelfinger bis zur A-Note auf der D-Saite im 7. Bund, um deine Hand für die zweite Hälfte der Phrase neu zu positionieren.

Beispiel 2r

Dominant-7-Akkord Licks

In der Jazztheorie wird Schülern im Allgemeinen beigebracht, Skalen oder Modi zu verwenden, die perfekt auf Dominant-7-Akkorde passen (z. B. der mixolydische Modus). Aber während der Gypsy Jazz technisch anspruchsvoll und sehr beeindruckend sein kann, ist er vom theoretischen Ansatz her eher einfach gehalten. Anstatt also eine neue Reihe von Dominant-Tonleitern und Arpeggios zu lernen, habe ich einen coolen kleinen Trick, der wirklich gut funktioniert. Wenn du einen Dominantakkord siehst, kannst du eine Molltonleiter oder ein Arpeggio spielen, dessen Grundton eine reine Quinte darüber liegt. Wenn der Akkord zum Beispiel C7 heißt, kannst du G-Moll spielen. Wenn es ein G7 ist, kannst du etwas in D-Moll spielen, und so weiter.

Um die entsprechende Molltonleiter zu finden, beginne mit dem Grundton des Dominantakkords und gehe fünf Schritte die Durtonleiter hinauf. Wenn es sich um den Akkord C7 handelt, spielst du fünf Noten der C-Dur-Tonleiter, beginnend auf der tiefen E-Saite im achten Bund, und du gelangst zur Note G. Ich will dich nicht mit der Theorie langweilen, warum das so gut funktioniert, sondern nur sagen, dass du durch das Überlagern der Molltonleiter auf diese Weise alle gut klingenden Noten erhältst, die über dem Akkord funktionieren, aber du musst nichts Neues lernen.

Bevor du die folgenden Licks ausprobierst, nimm dir einen langsamen bis mittelschnellen C7-Backing-Track auf und spiele einfach die harmonische Molltonleiter in G auf- und absteigend darüber. Achte darauf, wie die Noten den Akkord ergänzen und eine einzigartige Note erzeugen. Es gibt einen kleine „Konfliktnote" - ein C7-Akkord enthält ein E, während G-Harmonisch Moll ein Eb hat, die aber so zu einer „Spannungsnote" wird, die schnell aufgelöst wird und zum Reiz beiträgt.

Hier sind einige Licks, die mit dieser Technik gespielt werden. Höre sie genau an und präge dir den Sound ein.

Beispiel 2ra

Beispiel 2rb

Beispiel 2rc

Verminderte Licks

Im Gypsy Jazz hört man viele Licks, die den Geschmack eines verminderten Akkords haben. Hier werden wir zwei der beliebtesten lernen. Django hat diesen Sound mehr oder weniger erfunden, und du wirst diese Ideen immer wieder in seinem Spiel hören. Verminderte Licks können natürlich über verminderte Akkorde gespielt werden, erzeugen aber auch einen wunderbaren Sound über einem Dominantseptakkord.

Das erste Lick verwendet die obersten drei Töne eines verminderten Septakkords. Die verminderte 7 ist eine bewegliche oder *symmetrische* Form. Sie kann in Intervallen von einer kleinen Terz (drei Halbtöne) auf dem Griffbrett verschoben werden und jedes Mal handelt es sich um genau denselben Akkord, nur mit einer anderen Reihenfolge der Noten. In der nachstehenden Notation siehst du, dass die oberste Note des ersten Akkords auf dem 3. Bund liegt. Wenn sich die Form nach oben bewegt, befindet sich die oberste Note auf dem 6., 9. und 12. Bund (jedes Mal um eine kleine Terz verschoben).

Um dieses Lick zu spielen, spiele die oberste Note jeder Akkordform mit einem Aufschlag, dann spielst du die restlichen drei Noten mit Abschlägen, wobei du die kontrolliert durch die Saiten „drückst". Es wird eine Weile dauern, bis man die Kontrolle über das Plektrum so weit entwickelt hat, dass jede Note gleichmäßig und im richtigen Timing erklingt. Höre dir an, wie es klingt:

Beispiel 2s

Beachte, dass dieses Lick über einen A7-Akkord gespielt wird. Im Gypsy Jazz können verminderte Licks verwendet werden, um einen ansonsten fade klingenden Dominantakkord aufzupeppen. Wie kann man diese Idee leicht auf andere Dominantakkorde übertragen und warum funktioniert das so gut?

Erstens befindet sich der richtige verminderte Septakkord einen Halbton über dem Grundton des Dominantakkords. Bei einem A7-Dominantakkord ist das Bbdim7.

Warum funktioniert das? Wenn wir die beiden Akkorde analysieren, sehen wir, dass sie drei von vier Noten gemeinsam haben und er der verminderte Septakkord eine zusätzliche Spannungsnote enthält. Wenn er über einen A7-Akkord gelegt wird, suggeriert die Bb-Note einen b9-Klang.

A7	A (Grundton)	C# (3)	E (5)	G (m7)
Bb°7	Bb (Grundton)	Db (m3)	E (b5)	G (6)

Du kannst das Lick über die ersten beiden Takte des Standards *Dark Eyes* legen, das mit einem A7 beginnt, bevor es sich zu Dm7 auflöst. Sobald du das Picking-Muster beherrschst und dieses Lick sauber spielen kannst, kann es den Eindruck erwecken, dass du wirklich schnell spielst.

Manchmal trifft man im Gypsy Jazz auf einen verminderten oder halbverminderten Durchgangsakkord, wie z. B. in der Bridge des Stücks *September Song*, das von C-Moll nach C#dim und zurück nach C-Moll wechselt. Hier ist eine nützliche Linie, die den Klang des verminderten Akkords verdeutlicht. Spiele sie mit ab-auf Wechselschlag.

Beispiel 2t

Übermäßige Licks

Zum Schluss noch ein Lick, das über einen übermäßigen Septakkord verwendet werden kann. Im Gypsy Jazz ist die übermäßige Harmonie seltener zu sehen, aber sie taucht von Zeit zu Zeit auf. Zum Beispiel kann man in einem Chordsheet die Bewegung Aaug7 zu Dmaj7 sehen. Manchmal wird dies, je nach Kontext, als A7#5 zu Dmaj7 oder einfach als A+ zu Dmaj7 geschrieben, aber A7#5 und Aaug7 haben dieselben Noten.

Das Interessante an übermäßigen Akkorden ist, dass man sie auf dem Griffbrett um jeweils zwei Bünde nach oben oder unten verschieben kann, wie dieses Lick zeigt. Es wird genau wie Beispiel 2s gespielt.

Beispiel 2u

Experimentiere mit diesem Sound, indem du den Akkord jeweils zwei Bünde in die eine oder andere Richtung bewegst. Du kannst den Akkord gerade spielen oder ihn wie in unserem Beispiel arpeggieren.

Weitere chromatische Ideen

Wir haben bereits gesehen, dass wir Dur/Moll-Tonleitern und Arpeggios chromatische oder *Durchgangsnoten* hinzufügen können. Tatsächlich kann jedes Lick, jede Skala oder jedes Arpeggio mit chromatischen Noten aufgepeppt werden, also denke einmal darüber nach, Licks, die du bereits kennst, mit Annäherungs- oder Durchgangsnoten zu versehen. Du kannst diese Technik sogar üben, indem du mit der bekannten pentatonischen Tonleiter experimentierst.

Wenn wir über einen A-Moll-Akkord spielen, können wir die einfache A-Moll-Pentatonik so spielen:

Beispiel 2v

Dann können wir chromatische Noten hinzufügen, um die Töne der Tonleiter zu verbinden. Wenn wir jede mögliche chromatische Note innerhalb der Grenzen dieser Moll-Pentatonik hinzufügen, erhalten wir dieses Muster:

Beispiel 2w

Das ist an sich nicht sehr musikalisch, aber wir können uns beliebige chromatische Noten aussuchen, um kreativ zu werden und musikalische Phrasen zu bilden. Joe Pass sagte einmal: „Du bist nur einen Bund von einer guten Note entfernt." Benutze deine Ohren und experimentiere mit chromatischen Noten, bis du eine Phrase entdeckst, die dir gefällt. Hier sind ein paar Ideen für den Anfang.

Beispiel 2x

Hier ist ein Beispiel für das Hinzufügen chromatischer Noten zur G-Dur-Tonleiter, um ein Lick über einen G-Dur-Akkord-Vamp zu kreieren.

Beispiel 2y

Drill zur Gehörbildung

Gehörbildung ist ein häufig übersehener Bereich der musikalischen Entwicklung, aber eine Fähigkeit, die dir helfen kann, Akkordwechsel zu identifizieren und sinnvolle, musikalische Soli zu komponieren. Sobald du dir ein Grundwissen über Tonleitern, Arpeggien und Licks angeeignet hast, wird dir diese Übung helfen, deine Kreativität zu entfalten.

Die Übung, die ich dir vorschlagen möchte, besteht darin, einen kontinuierlichen Strom von 1/4-Noten zu spielen. Vergiss für den Moment Licks und rhythmische Variationen. Versuche diese Übung über die Akkordwechsel zu einem mittelschnellen *Moll-Swing*. Spiele nur 1/4-Noten - eine Note für jeden Schlag im Takt - aber ohne Unterbrechung. Klingt einfach, oder?

Es ist interessant, was passiert, wenn wir unserem Spiel Beschränkungen auferlegen. Diese Übung ist nicht so einfach, wie du vielleicht denkst. Es gibt keine Pausen, in denen man sich ein klischeehaftes Lick ausdenken kann, so dass man gezwungen ist, melodischer zu denken und kreativ zu sein.

Wenn es dir leicht fällt, solltest du dich selbst herausfordern, den Gitarrenhals auf unterschiedliche Weise zu erforschen – verwende verschiedene Register, kreiere Linien, die den gesamten Bereich des Halses überspannen usw. All dies wird dein Verständnis für die Akkordwechsel und die Melodien, die darüber gespielt werden können, vertiefen.

Hier ist ein Beispiel, das ich spontan improvisiert habe. Erstelle einen Backing Track und experimentiere damit. Spiele so lange, wie du kannst, und schau, welche Ideen dabei herauskommen!

Beispiel 2z

Hier ein weiteres Beispiel, diesmal etwas schneller gespielt.

Beispiel 2za

Dies ist eine großartige Methode, um die Harmonie einer Melodie zu meistern. Wenn du dich zu diesem Zeitpunkt ein wenig unwohl dabei fühlst, bei einer Jam-Session ein Solo über *Minor Swing* zu spielen, wird dir diese Übung helfen, die Changes durchzuspielen und dich dazu zwingen, dich von deinen Ohren leiten zu lassen, anstatt gedankenlos Tonleitern auf und ab zu laufen.

Du kannst ganz einfach damit beginnen, einfache Arpeggien über jeden Akkord zu spielen, dann zu Tonleitertönen überzugehen und schließlich chromatische Durchgangsnoten hinzuzufügen. Wenn du daran arbeitest, wirst du feststellen, dass du viel musikalischere, etüdenartige Soli mit einer starken harmonischen Struktur spielen wirst. Wenn du das Gefühl hast, dass du die ganze Zeit nur Licks über die Changes spielst, wird dir diese Übung helfen, auszubrechen.

Die guten Noten

Ich möchte dir einige Gedanken über das Konzept der „guten Noten" beim Solospiel mitgeben. Für mich geht das Verständnis, welches die „guten Noten" sind, über das bloße Wissen hinaus, dass eine Note eine Sexte (6), eine Septime (7) oder eine None (9) ist - es bedeutet, den *Charakter* dieser Noten und die Emotionen, die sie hervorrufen, zu verstehen.

Wenn du beispielsweise über einem Cmaj7-Akkord eine Phrase spielst, die das E (die Terz des Akkords) betont, kann dies ein fröhliches, positives Gefühl hervorrufen.

Eine Phrase, die sich auf eine B-Note (die große Septime des Akkords) konzentriert, ruft ein romantisches oder melancholisches Gefühl hervor.

Beispiel 2zb

Eine gute Übung ist es, einen Akkord - bleiben wir bei Cmaj7 - als Schleife zu spielen und zufällige Noten darüber zu spielen. Höre genau hin und entscheide, welches die „guten Noten" nach deinem Geschmack sind. Welche Gefühle rufen sie hervor?

Ich persönlich mag den Klang der Sexte über einem Dur-Akkord sehr. Bei Cmaj7 ist die 6 ein A. Spiele einen Cmaj7-Akkord und peile die A-Note auf der hohen E-Saite im fünften Bund an, indem du vom dritten Bund aus chromatisch zu ihr hinaufsteigst. Für mich hat die 6 eine optimistische, helle, frische Qualität. Sie ist auch sehr häufig in Gypsy-Jazz-Stücken zu finden. Versuche als nächstes die 9 (D) über dem Cmaj7-Akkord. Was drückt es für dich aus?

Experimentiere nun mit einem A-Moll-Akkord. Welche Noten kannst du über den Akkord legen und welche Gefühle rufen sie hervor? Wenn du einen A-Moll-Akkord in der 5. Position spielst, wie wäre es dann mit einer F#-Note auf der B-Saite im 7. Bund. Das ist die kleine 6. Was ist mit der kleinen 9 (ein B auf der hohen E-Saite, 7. Bund)? Was sind die guten Noten in diesem Zusammenhang - die Noten, die ein Gefühl auslösen?

Experimentiere weiter, so dass du über Tonleitern oder Arpeggios hinausgehst und dich wirklich mit der Musik verbindest.

Ein einfacher Ansatz zum Solospiel

Als Gitarristen neigen wir oft dazu, die Dinge beim Solospiel zu sehr zu verkomplizieren. Es besteht immer die Versuchung, etwas Cleveres zu spielen, um andere Musiker zu beeindrucken, aber einfach ist besser und fast immer effektiver. Wenn du lernst, ein Solo über Gypsy-Jazz-Standards zu spielen, rate ich dir, ganz einfach anzufangen. Je mehr du diese Musik hörst, desto mehr wirst du feststellen, dass die Solisten stark dazu neigen, die Akkorde zu umreißen, also beginn damit, die Akkordwechsel genau zu befolgen, bevor du etwas Kompliziertes versuchst. Bevor wir weitermachen, hier meine besten Tipps, die dir helfen, ein guter Solist zu werden:

- Übe das Improvisieren über echte Stücke. Niemand wird dich bitten, bei einer Jamsession ein Arpeggio zu spielen.

- Spiele langsamer mit starkem Ton und Gefühl.

- Spiele im Rahmen deiner technischen Möglichkeiten und halte die Dinge melodisch und im Groove.

- Wenn du ein neues Lick lernst, integriere es sofort in dein Spiel und wende es über bekannte Stücke an.

- Passe die Licks an, um sie zu deinen eigenen zu machen - du musst sie nicht so spielen wie alle anderen.

- Habe keine Angst, Raum zu lassen. Gute Phrasierung ist ausdrucksvoller als ein Strom von Noten.

- Füge deinen Noten Vibrato, Bends und Charakter hinzu – halte dich nicht zurück! Bring deine Gitarre zum Singen!

Kommen wir nun zu ein paar Ideen für Soli. Wir werden an einem Moll-Blues arbeiten. Ein guter Ausgangspunkt für die Komposition eines Solos ist ein starkes Arpeggio, das dann auf den nächsten Akkord in der Progression übertragen wird. Hier ist ein Beispiel in G-Moll. Die Idee ist zwar repetitiv, aber sie schafft einen starken melodischen Bezugspunkt, mit dem sich das Publikum identifizieren kann. Nach diesem ersten Chorus kannst du beginnen, die Hauptmelodie zu variieren und zu entwickeln. Hier habe ich das Arpeggio leicht angepasst, um es an den D7-Akkord anzupassen.

Beispiel 2zc

Hör dir den großen Angelo Debarre auf der Spotify-Playlist an, wie er Djangos Solo auf dem Stück *Blues En Mineur* spielt.

Die Bouncing-Methode

Als Nächstes möchte ich dir zeigen, wie man „Bouncing"-Soli spielt! Das ist ein Begriff, den ich mir ausgedacht habe, um zu beschreiben, wie ich ein Solo über eine Reihe von Akkordwechseln spiele. Ein Solo kann von den Noten her einfach sein, aber gut eingesetzte rhythmische Ideen können es richtig grooven lassen. Hier geht es weniger um Tonleitern und Arpeggien als vielmehr um die Verwendung starker rhythmischer Motive. Hier ist ein Beispiel dafür, was ich meine, gespielt über einen A-Moll-Akkord. Das Motiv besteht aus nur zwei Noten, ist aber dennoch eine starke melodische Aussage.

Beispiel 2zd

Bei dieser Linie handelt es sich um eine einfache Bewegung zwischen der Quinte des A-Moll-Akkords (ein E auf der G-Saite, 9. Bund) und dem Grundton (A auf der B-Saite, 10. Bund). Es geht nur um den Groove.

Wenn du diesen Groove einmal „in der Tasche" hast, kannst du ihn auf eine ganze Progression ausdehnen, indem du die Noten an die einzelnen Akkorde anpasst. Du wirst vielleicht nicht immer einen ganzen Chorus mit einer solchen Idee spielen wollen, aber folgendermaßen klingt er über die Changes zu *Minor Swing*. Es ist ein effektiver Weg, um die Akkordwechsel zu umreißen. Eine Idee wie diese funktioniert wunderbar bei höherem Tempo.

Beispiel 2ze

Weniger ist mehr

Weniger Noten sagen im Allgemeinen mehr aus als viele Noten in einem Solo. Raum in einem Solo zu schaffen ist ein wichtiges Werkzeug und macht die Noten, die du spielst, noch aussagekräftiger. Wir können nicht alle wie Yngwie Malmsteen shredden, also kann uns ein weniger-ist-mehr-Ansatz wirklich helfen! Gypsy Jazz kann sehr anspruchsvoll sein, aber wenn man die *guten Noten* findet und sie mit einem guten Gefühl spielt, wird man die Zuhörer stärker ansprechen, als wenn man endlose 1/16tel Notenläufe spielt. Hier ist ein Beispiel, um zu zeigen, wie das in der Praxis funktioniert.

Die Changes des Gypsy-Standards *Daphne* weisen eine I vi ii V-Progression in D-Dur auf (D-Dur - B-Moll - E-Moll - A7) und das Stück wird in der Regel in schnellerem Tempo gespielt. Anstatt zu versuchen, das hohe Tempo zu übernehmen, kannst du z.B. so spielen:

Beispiel 2zf

Anstelle eines wirren Durcheinanders von Noten haben wir eine starke melodische Aussage mit nur wenigen Noten. In Takt 4 wird statt der erwarteten Bewegung von E-Moll nach A7 ein dramatischer Eb7#9-Akkord eingeschoben. Dies ist eine übliche b5-Substitution. Du kannst einen Dominant-7-Akkord immer durch einen anderen Dominant-7-Akkord ersetzen, dessen Grundton eine verminderte Quinte höher liegt. Genau wie der A7-Akkord will dieser neue Akkord unbedingt zum I-Akkord von D-Dur auflösen.

Ein weiteres einfaches Mittel ist, jede Note zweimal zu spielen. In diesem Beispiel wird die gleiche melodische Idee aufgegriffen und angepasst, indem die meisten Noten verdoppelt werden. In dieser Linie wird auch der Raum gut genutzt. Es ist nicht notwendig, den letzten Takt zu füllen, also lass es!

Beispiel 2zg

Das Verdoppeln ist ein weiteres nützliches Instrument, das du einsetzen kannst, wenn das Tempo zu hoch ist. Schnelligkeit hat ihre Wirkung, aber du solltest immer versuchen, zuerst die Dinge schön zu spielen, die du gut beherrschst, bevor du dich anspruchsvolleren Ideen zuwendest.

Auch wenn wir nur an der Oberfläche kratzen, hoffe ich, dass dir die Ideen in diesem Kapitel einige wertvolle Werkzeuge an die Hand gegeben haben, um dein Vokabular zu erweitern. Ich lerne ständig, dass bei der Improvisation die Wiederholung entscheidend ist - je mehr wir spielen, desto mehr entwickelt und erweitert sich unsere Sprache. Hier ist ein Bonusvideo aus meinem Gypsy Jazz Club - eine Meisterklasse mit dem Titel *A Simple Guide to Gypsy Jazz Soloing*.

https://l.robinnolan.com/4mbsm

Säule 2 Solo-Übungen

Um die zweite Säule zu vervollständigen, findest du hier einige Übungen, die du in deine Übungsstunden einbauen kannst. Sie werden dir helfen, die Techniken, die wir in diesem Kapitel besprochen haben, zu entwickeln und zu verfeinern. Sie bieten auch eine kreative Möglichkeit, das Solieren über Akkordwechsel zu lernen.

Wie man ein Stück mit Tonleitern und Arpeggios übt

Wenn du ein neues Gypsy-Stück lernst und ein Solo darüber spielen willst, ist es ein guter Ansatz, zuerst die Akkordfolge zu analysieren und dann die Skalen und Arpeggien zu üben, die mit den Changes in Verbindung stehen. In diesem Beispiel zeige ich dir, wie ich die Improvisation über die Changes von *Minor Swing* angehen würde.

Da es sich um einen Moll-Blues handelt, verwenden wir die harmonische Moll-Tonleiter. Zuerst schauen wir uns die harmonische Moll-Tonleiter zu jedem Akkord an.

Über dem Am6-Akkord = A- Harmonisch Moll

Übung 7 - Harmonische Molltonleiter in A, aufsteigend

Über dem Dm6-Akkord = D-Harmonisch Moll

Übung 8 - Harmonische Molltonleiter in D, aufsteigend

Für den E7-Akkord verwenden Gypsy-Spieler eher wieder die harmonische A-Moll-Tonleiter, um den klassischen Gypsy-Sound zu erreichen, als dass sie sich auf modales Gebiet begeben. Das funktioniert perfekt, denn E7 ist der Akkord V der harmonisierten Harmonisch Moll-Tonleiter in A, so dass alle Noten perfekt passen. Hier ist A Harmonisch Moll, diesmal absteigend gespielt, über einem E7-Akkord.

Übung 9 - Harmonische Molltonleiter in A, absteigend über E7

Diese drei Skalen decken die wichtigsten tonalen Zentren des Moll-Blues ab. Schauen wir uns nun die Arpeggios zu jedem der Akkorde an. Hier sind zwei Positionen für ein Am6-Arpeggio:

Übung 10 - A-Moll Arpeggio, 5. Position

Übung 11 - A-Moll Arpeggio, 8. Position

Hier ein Dm6-Arpeggio in der 5. Position.

Übung 12 - D-Moll Arpeggio, 5. Position

Für den E7-Akkord haben wir die Wahl. Wir können Noten aus der harmonischen Molltonleiter in A verwenden, aber viele Gypsy-Jazzer spielen einfach ein E-Dur-Arpeggio über diesem Akkord.

Übung 13 - E-Dur Arpeggio

In einigen Versionen der *Minor Swing* Changes gehen dem E7 zwei Takte eines Bb-Dur-Akkords voraus. Dies ist eine b5-Substitutions-Idee, die typisch im Jazz ist, bei dem ein Akkord durch einen anderen Akkord ersetzt wird, dessen Grundton ein b5-Intervall entfernt ist. Bb liegt eine b5 über E7. Der b5-Klang erzeugt einen Moment der Spannung, die sich schnell auflöst, wenn der Akkord zu E7 wechselt. Ich möchte diese Idee in das folgende Beispielsolo einbeziehen. Hier ist also das Bb-Dur-Arpeggio:

Übung 14 - Bb-Dur Arpeggio

Mit diesen Hilfsmitteln können wir nun das Solospiel über die Changes auf strukturierte Weise üben. Besorge dir einen *Minor Swing* Backing-Track (es gibt viele auf YouTube) und übe wie folgt:

- Spiele zunächst die aufsteigenden/absteigenden Tonleitermuster für jeden Akkord über den Backing Track

- Spiele als Nächstes die aufsteigenden/absteigenden Arpeggios über jeden Akkord

- Mische nun die Tonleitern und Arpeggios und fange an, ein einfaches Solo über den Changes zu konstruieren

Keine Sorge, wenn es anfangs ein bisschen roboterhaft klingt. Dies ist eine wichtige Übung, um die Form der Skalen/Arpeggios zu verankern und zu hören, wie sie über die Akkorde funktionieren. Für den Anfang habe ich ein paar einfache Soli mit diesen Skalen und Arpeggios improvisiert.

Übung 15 - Solo 1

Und hier ist noch ein Chorus, den du lernen kannst.

Übung 16 - Solo 2

Übung 17 - Solo-Ideen mit Licks komponieren

Eine andere Methode, ein Stück kennenzulernen und seine Harmonie zu verstehen, besteht darin, Licks, die du bereits kennst, über den Akkordwechseln auszuprobieren. Das kannst du wörtlich nehmen: Wenn du ein schönes Moll-Lick in einer beliebigen Tonart kennst, transponiere es nach A-Moll und spiele es über den A-Moll-Teil von *Minor Swing*, um zu hören, wie es klingt. Wenn der Akkord nach Dm6 wechselt, transponiere das gleiche Lick nach D-Moll. Wenn du dies mit verschiedenen Licks tust, wirst du feststellen, dass du anfängst, starke, melodische, motivbasierte Ideen zu entwickeln.

Hier ist ein Beispielsolo für den Anfang, das einige Licks verwendet, die ich kenne. Nachdem du es durchgespielt hast, lege den Backing Track auf und versuche es selbst. Denke daran, für diese Übung *nur* Licks zu verwenden.

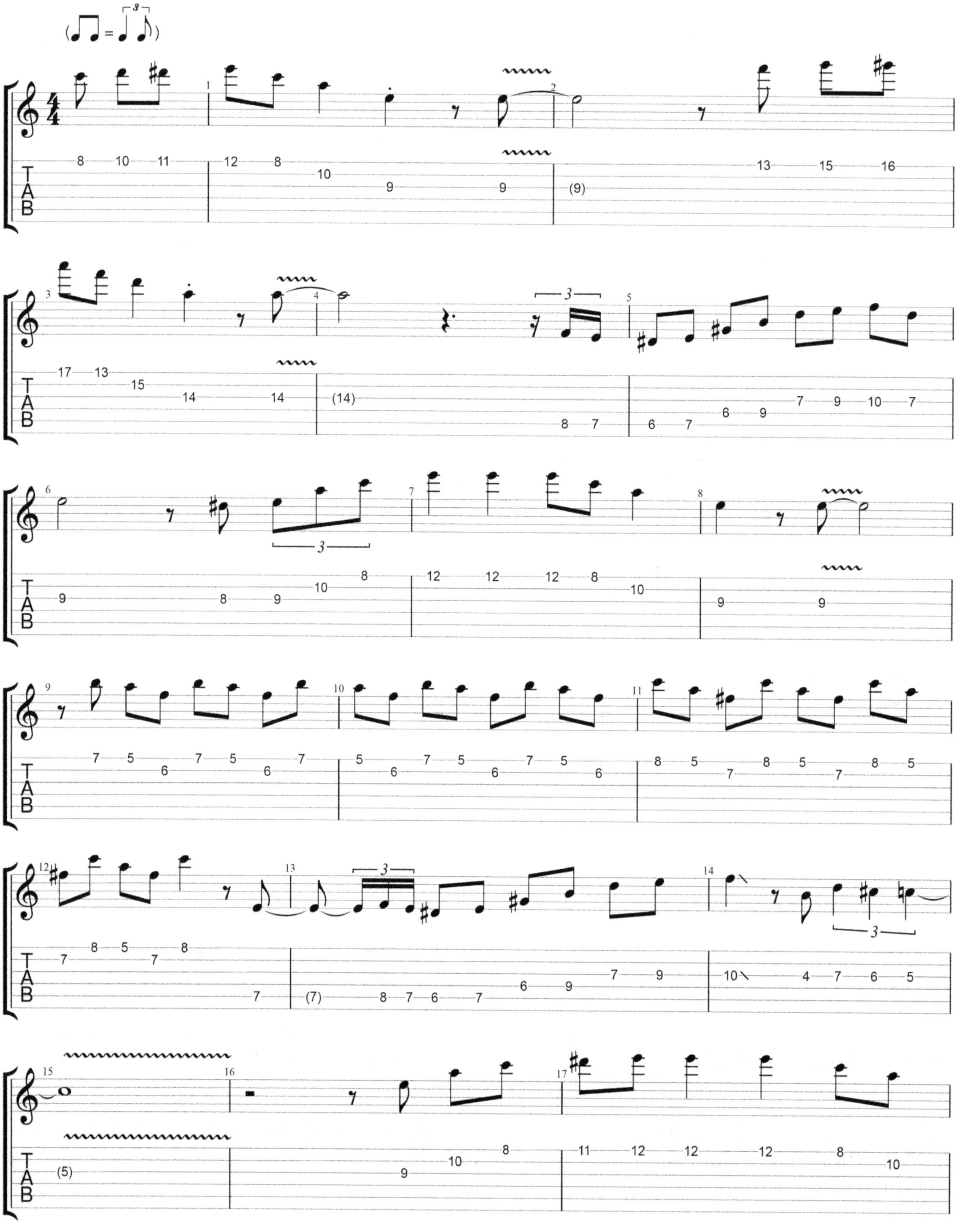

Übung 18 - Üben der „Bouncing"-Technik für das Solospiel

Weiter oben in diesem Abschnitt haben wir die „Bouncing"-Technik besprochen - mein Name für die Entwicklung einer Solo-Idee aus nur wenigen Noten. Diese Idee ist es wert, weiterverfolgt zu werden. Deshalb habe ich unten ein Beispiel angefügt, das du lernen kannst, um dann deine eigenen Ideen zu entwickeln. Im Grunde genommen wähle ich nur zwei Noten pro Akkord, die die Akkordwechsel widerspiegeln. Der Rhythmus spielt bei dieser einfachen, aber effektiven Technik eine große Rolle. Du kannst also spielerisch damit umgehen und brauchst keine Angst davor haben, zu experimentieren!

Anstatt Ideen über das Griffbrett hinweg zu transponieren, ist diese Technik effektiver, wenn du in einem Bereich des Halses bleibst und kleine Bewegungen machst, die die Akkordwechsel definieren. So klingt es:

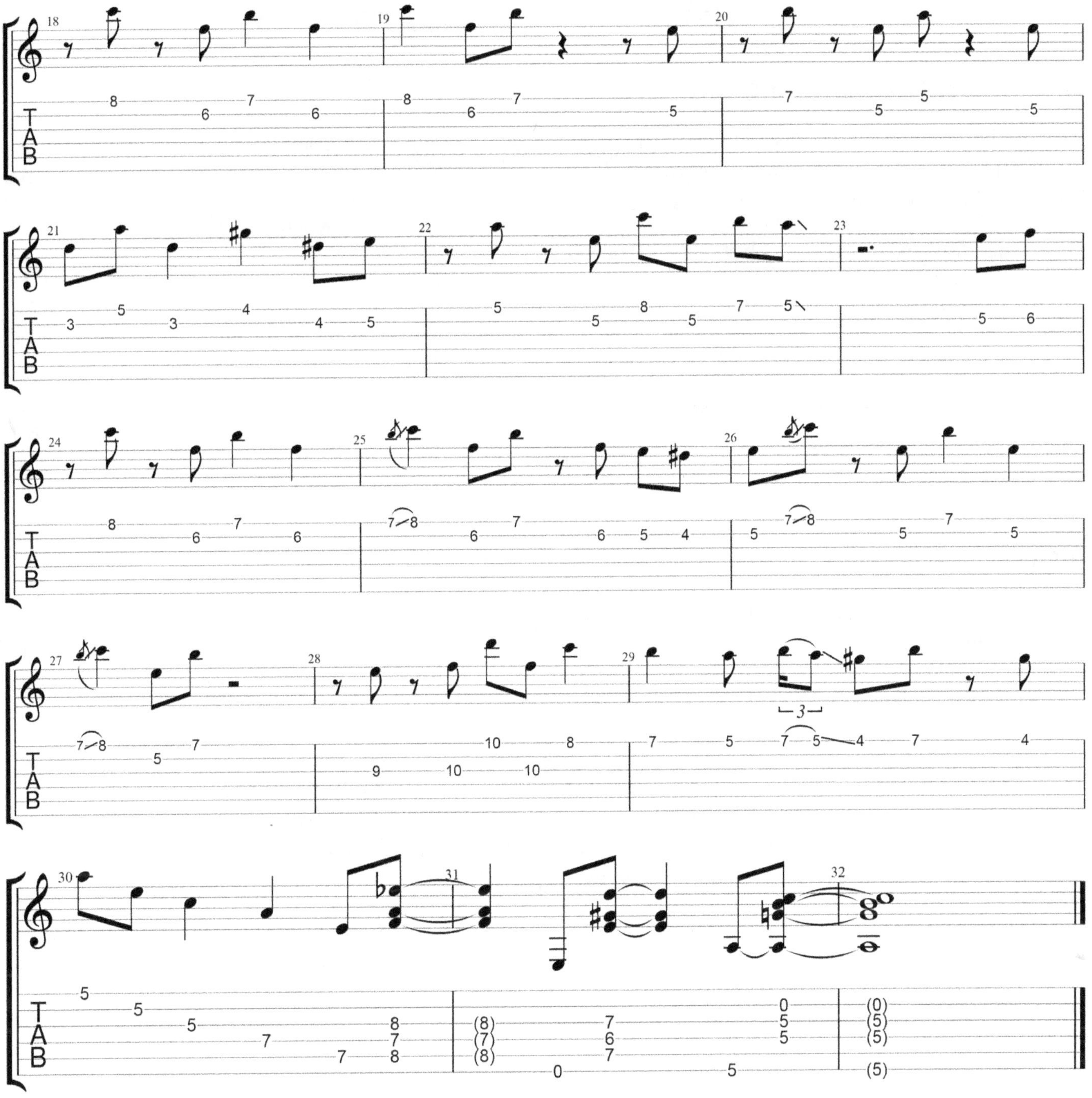

Säule 3: Gig-Bootcamp

Gig/Jam-Session Survival Guide

Es gibt viele Bücher und Videos, in denen Akkorde, Licks, Tonleitern, Solospiel über Standards usw. gelehrt werden, aber praktisch *nichts*, was Musikern das nötige Rüstzeug für Jamsessions oder Auftritte mit anderen Musikern vermittelt. Ich beziehe mich auf:

- Solide Ideen, wie man Songs beginnt oder beendet

- Wie man sich Stücke einprägt

- Die wichtigsten Standards, die du kennen musst

- Wie man Nervosität überwindet und mit Selbstvertrauen spielt

In diesem Kapitel werde ich dir einige Ratschläge zu jedem dieser wichtigen Bereiche geben.

Intros und Schlüsse

Lass uns gleich zur Praxis übergehen und einige Optionen für den Beginn und das Ende von Stücken betrachten. Dies wird nur selten gelehrt, aber es ist sehr nützlich, ein paar einfache und verlässliche Intro-/Ending-Ideen in petto zu haben, die den anderen Bandmitgliedern verdeutlichen, was gerade passiert. Schauen wir uns zunächst ein paar Intros an, die zu Stücken in Dur-Tonarten passen.

Gemäß unserem Mantra „*Keep it simple*" sind diese Intros/Endings auf Erfolg getrimmt, ohne zu kompliziert zu sein oder abzulenken. Ich verwende sie schon seit zwanzig Jahren und sie *funktionieren* einfach. Mein Rat an dich ist, wirklich gut darin zu werden, ein paar ausgewählte Intros und Schlüsse zu spielen, anstatt bei vielen mittelmäßig zu sein. Du kannst sie jedoch an deinen eigenen Stil anpassen - du musst sie nicht genau so spielen, wie sie geschrieben sind. Variiere sie und machen sie zu deinen eigenen.

Beispiel 3a ist ein großartiges Intro für ein Stück in der Tonart C-Dur. Ich habe es zuerst bei Biréli Lagrène gehört, als er noch ein Kind war, und sein Charme liegt in seiner Einfachheit. Der erste Akkord ist eine Umkehrung von C-Dur, d. h. er hat einen anderen Akkordton als den Grundton im Bass - in diesem Fall ein E (die 3 des Akkords). Er wird oft als C/E geschrieben.

Mit diesem Akkord beginnt eine chromatische Bassnote, die auf den I-Akkord der Tonart C-Dur zusteuert. Auf C/E folgt ein dreistimmiger verminderter Eb-Akkord, der zu Dm7 führt. Der letzte Akkord der Sequenz ist ein G7-Akkord, allerdings mit der 5 (D) im Bass, so dass der Basston konstant bleibt. Der G7-Akkord will sich zum I-Akkord von C-Dur auflösen, so dass das Stück einen schönen Anfang hat.

Dies ist das perfekte Intro für einen Song wie *All of Me*.

Beispiel 3a

Du solltest Ideen immer transponieren, damit du das Muster sofort wiederfindest, wenn du mit einem Stück in einer anderen Tonart konfrontiert wirst. Hier ist das gleiche Intro in G-Dur transponiert.

Beispiel 3b

Es folgt eine weitere Dur-Einleitung, die die vorherige Idee aufgreift und umdreht. Django beginnt das Stück *Hungaria* auf diese Weise und es ist ein bekanntes und beliebtes Intro. Diesmal beginnen wir auf dem I-Akkord der Tonart und steigen auf, bevor wir wieder auf den Dominant-7-Akkord absteigen, der sich zum I-Akkord auflöst. Es ist üblich, verminderte Formen als Übergangsakkorde zu verwenden, um die Akkorde der Tonart miteinander zu verbinden. Dieses Beispiel steht in G-Dur. Ein verminderter G#-Akkord verbindet die Akkorde G-Dur und A-Moll. Dann verbindet ein verminderter Bb-Akkord den A-Moll-Akkord mit der G-Dur-Akkordumkehrung (G mit einem B im Bass). Der verminderte Bb-Akkord wird wieder gespielt, wenn die Progression abwärts geht, aber dieses Mal enden wir auf einem D7 mit einem A im Bass, um das Stück zu beginnen. Auch bei dieser Idee dreht sich alles um die chromatische Bassline.

Beispiel 3c

Hier ist die gleiche Idee in die Tonart C-Dur transponiert.

Beispiel 3d

Man kann diese Intros gerade anschlagen, aber sie klingen besonders gut, wenn man die Noten der chromatischen Bassline, die zum I-Akkord des Stücks führt, betont und einzeln anspielt.

Als Nächstes wollen wir uns ein paar zuverlässige Intros für Songs in Moll ansehen. Das erste Beispiel ist in G-Moll und der hauptsächliche Reiz kommt wieder von der Bassline. Selbst wenn du bei diesem Beispiel nur die Bassline spielst, funktioniert es trotzdem. Achte darauf, dass du den Basspart schön druckvoll gestaltest, bevor du die Akkorde einführst.

Auf den Gm6-Akkord folgt eine G-Moll-Umkehrung mit der 3 (Bb) im Bass. Dann haben wir eine Moll-ii-V-I-Sequenz: Am7b5 - D7/A - Gm6.

Beispiel 3e

Hier ist die gleiche Idee in C-Moll.

Beispiel 3f

Ich würde diese Art von Intro verwenden, um einen Moll-Blues oder die meisten Moll-Stücke zu beginnen. Eine Alternative dazu ist der Ansatz im Stil von *Hit the Road Jack*. Dieser Sound wird dir sehr vertraut sein, da er schon oft verwendet wurde - aber er wird gerade deshalb häufig verwendet, weil es ein starkes Intro ist und die Richtung klar vorgibt. Hier ist es in D-Moll.

Beispiel 3g

Dieses Intro lässt sich gut spielen, indem man die Bassnote mit dem Akkord im klassischen Boom-Chick-Stil wechselt. Die Sequenz beginnt mit dem I-Akkord der Tonart D-Moll, und danach zielen wir auf den V-Akkord A7, der sich zum I-Akkord auflöst. Die Methode, um dorthin zu gelangen, besteht darin, andere Dominantakkorde hinzuzufügen, um sich diesem Akkord anzunähern (C7, dann Bb7).

Hören wir uns an, wie das nach A-Moll transponiert klingt. In diesem Beispiel habe ich am Ende ein zusätzliches Element hinzugefügt, das zurück nach A-Moll führt. Die Progression wiederholt sich dreimal, aber beim letzten Mal ziele ich auf den E7-Akkord, der sie nach A-Moll zurückführt. Zuerst spielen wir einen Halbton über dem E7 (F7), dann einen Halbton darunter (Eb7), bevor wir den E7 treffen. Hör dir das Audiobeispiel an, um zu hören, wie es klingt, und versuche, es selbstbewusst zu spielen.

Beispiel 3h

Sehen wir uns nun ein paar gute Möglichkeiten an, einen Song zu beenden. Es ist wichtig, dass du das Ende bewusst wählst, da du sonst leicht auf die immergleichen vorhersehbaren Klischees zurückgreifst. Zunächst ist hier eine melodische Linie, die du verwenden kannst, um einen Song in einer Dur-Tonart zu beenden. Das funktioniert gut bei einem Stück wie *Lady Be Good*. Die Schlusslinie ist ein melodischer Marker, der die letzten beiden Takte der Form ersetzt.

Übe diese Idee mit den letzten vier Takten von *Lady Be Good*. Schlage in den Takten 1 und 2 die Akkorde Am7 und D7 viermal pro Takt an. Die Schlusslinie beginnt auf Takt 2 von Takt 3 und mündet am Ende in einen G-Dur-Akkord.

Beispiel 3i

Transponieren wir diese Idee wieder in die Tonart C-Dur. Hier ist nur die Schlusslinie:

Beispiel 3j

Hier ist ein cooles Ende, das du für einem Moll-Blues verwenden kannst. Wie die vorherige Idee erstreckt es sich über die letzten vier Takte und verwendet eine melodische Linie, um das Ende des Stücks anzuzeigen. Dieses Beispiel ist in G-Moll.

Beispiel 3k

Hier ist es noch einmal, nach C-Moll transponiert.

Beispiel 3l

Erstellen einer Hammer-Setlist

Ein Aspekt von Auftritten, der oft übersehen wird, ist die Kunst, eine gute Setlist zu erstellen. Wenn ich mit meinen Bandkollegen hinter der Bühne sitze und Stücke aufschreibe, sind wir immer bestrebt, die richtigen Stücke auszuwählen und sie in der richtigen Reihenfolge zu positionieren, um die bestmögliche Show zu liefern. Nach meiner Erfahrung auf Tourneen rund um den Globus gibt es zwei grundlegende Szenarien zu berücksichtigen:

Erstens trete ich oft mit einer improvisierten Rhythmusgruppe auf, die ich erst wenige Stunden vor einem Konzert kennengelernt habe. Wahrscheinlich spielst du auch bei jedem Gig oder jeder Jamsession mit anderen Musikern zusammen. Auch hier gilt: Halte die Dinge einfach. Musiker wollen oft komplizierte Stücke/ Arrangements spielen, aber mach dir keine Gedanken deshalb, dass man bei jedem Auftritt *Minor Swing* oder *All of Me* spielen muss. Das Publikum liebt diese Stücke und sie kommen immer gut an. Stéphane Grappelli hat während seiner gesamten Karriere oft die gleichen Klassiker gespielt und ist dabei immer besser geworden!

Zweitens, wenn du mit deiner eigenen Band auftrittst, dann kann deine Setlist abwechslungsreicher sein und Stücke/Arrangements enthalten, die nur ihr kennt. Ich habe ein Stück namens *Ravi* (für Ravi Shankar) geschrieben, das einige komplizierte Muster enthält. Aber es würde zu viel wertvolle Probezeit in Anspruch nehmen, dieses Stück Leuten beizubringen, die es noch nie gehört haben. Wenn du also einige originelle oder unbekanntere Stücke in dein Programm aufnehmen willst, solltest du sie mit bekannten Stücken umgeben.

Auch solltest du einen deiner stärksten Songs an das Ende stellen. Für mich könnte das ein Stück wie *Joseph Joseph* sein. Wir haben ein großes Arrangement dieses Stücks, das einen wirklich schnellen Abschnitt in Double Time enthält und mit einem großen Knall endet. Es ist wichtig, auf einem Hoch zu aufzuhören!

Ein starker Einstieg ist ebenso wichtig. Du willst die Aufmerksamkeit der Leute erregen, daher ist die Wahl eines stimmungsvollen und zweideutigen Titels oft nicht das Richtige. Stattdessen ist es gut, mit etwas zu beginnen, das ein angemessenes Tempo hat, hell und positiv ist. *All of Me* oder eine schönes Dur-Stück wie *Lulu Swing* sind ein guter Anfang.

Überlege für den Verlauf des Sets, wie jedes Stück das vorhergehende ergänzen wird. Nimm zum Beispiel nicht zwei Swing-Stücke in Dur hintereinander. *All of Me* und *Swing 42* werden beide in der Tonart C-Dur gespielt und haben ein ähnliches Tempo, daher ist es keine gute Wahl, sie zusammen zu spielen. Versuche, zwischen Dur- und Moll-Tonarten abzuwechseln und wenn du zwei Dur- oder Moll-Titel hintereinander setzen *musst*, achte darauf, dass sie in unterschiedlichen Tonarten stehen.

Denke auch an den Kontrast von unterschiedlichen Stimmungen der Stücke. Nach einem Up-Tempo-Dur-Stück kannst du die Stimmung ändern, indem du eine Ballade in Moll oder einen stimmungsvollen Bossa spielst. Nachdem du die Stimmung heruntergebracht hast, solltest du etwas Lebhafteres folgen lassen, um die Emotionen der Leute wieder anzuheben.

In meinem Trio haben wir in der Regel vier große Latin-Stücke in unserem Set. *For Sephora* und *Bossa Dorado* sind die beliebtesten Gypsy-Bossa-Songs. *Bossa Dorado*, geschrieben von Dorado Schmitt, ist wahrscheinlich das populärste Gypsy-Stück aller Zeiten, das kein Swing ist, und es ist ein Killer, den das Publikum gerne hört.

Wir haben die Latin-Songs aufgeteilt, indem wir zwei in das erste Set und zwei in das zweite gesetzt haben. Es geht darum, die Lieder so zu verteilen, dass Interesse und Abwechslung im gesamten Set vorhanden sind. Überlege, wo die Stücke die größte Wirkung entfalten werden (d. h. eine langsame Ballade, die nach einem sehr schnellen Stück gespielt wird, hat mehr Wirkung als ein mittelschneller Swing).

Nervosität und Lampenfieber überwinden

Es gibt, wenn überhaupt, nur sehr wenige Musiker, die nicht schon einmal unter leichter Nervosität oder Lampenfieber gelitten haben. Ein Abend ist mir persönlich besonders in Erinnerung geblieben. Im Jahr 2009 wurde ich von Bill Wyman von den Rolling Stones eingeladen, an der Seite meines Jazzgitarren-Helden Martin Taylor in der Royal Albert Hall in London zu spielen. Es handelte sich um einen Wohltätigkeitsabend mit einer speziellen Reunion der Small Faces mit Ronnie Wood, es gab also eine All-Star-Besetzung und der Gig war schnell ausverkauft. Als ob das nicht schon nervenaufreibend genug wäre, hatten bei meiner schwangeren Frau Judy in Amsterdam auch noch die Wehen eingesetzt, und es gab keine Zeit mehr, zurückzufliegen - die Show musste stattfinden!

Als ich am Veranstaltungsort ankam, surrte mein Telefon. Es war eine Freundin von Judy, die mir mitteilte, dass ich einen Sohn hatte! Ich wusste nicht, was ich tun sollte und reichte den Hörer an Bill Wyman weiter, den ich gerade hinter der Bühne getroffen hatte. Er sprach mit Judy und gratulierte ihr, dann gab er mir das Telefon zurück und sagte: „Du bist in zwanzig Minuten dran!" Panik machte sich in mir breit, denn ich wusste, dass ich gleich den größten Auftritt meines Lebens haben würde. *Okay, atme tief durch, Robin,* sagte ich mir. Und das tat ich auch - ich fand eine Toilette und schloss für ein paar Minuten die Augen, um mich zu beruhigen.

Minuten später ging ich mit Martin Taylor auf die Bühne und er sagte zum Publikum: „Ich glaube, Robin hat euch etwas zu sagen." Ich beugte mich zum Mikrofon und verkündete: „Ich habe einen kleinen Jungen bekommen!" Der Applaus war ohrenbetäubend und dann begannen wir *And I Love Her* zu spielen, das ich Judy widmete. Es war ein Abend, den ich nie vergessen werde.

Im Folgenden findest du einige Tipps, wie du deine Nervosität überwinden und jedes Mal, wenn du die Bühne betrittst, deine beste Leistung bringen kannst.

Die Angst vor dem Auftritt ist ein Dilemma für alle kreativen Menschen. Eine Technik, die ich anwende, um dem entgegenzuwirken, besteht darin, einen ruhigen Ort aufzusuchen und sich ein paar Minuten Zeit für eine Mini-Meditation zu nehmen. Es ist gut, den Geist zu beruhigen, tief zu atmen und sich des gegenwärtigen Augenblicks bewusst zu sein. Ziehen dich im wahrsten Sinne des Wortes aus dem Trubel vor dem Auftritt zurück und finde deine Mitte, bevor du dich wieder in den Alltag stürzt. Das ist eine Strategie, die bei mir funktioniert.

Wenn du auf der Bühne stehst und dich immer noch ängstlich fühlst, solltest du Folgendes wissen: *Die Aufregung wird verschwinden.* Oft sind wir kurz vor und zu Beginn eines Auftritts am aufgeregtesten, wenn wir uns um alles Sorgen machen. Am Ende des Auftritts ist in 99 % der Fälle alles gut gelaufen und wir fragen uns, worüber wir uns so viele Sorgen gemacht haben! Mit diesem Vorwissen kannst du dich entspannen und dich darauf konzentrieren, die Musik in gegenwärtigen Moment zu genießen.

Man kann auch anders über Nervosität denken. Ein Ansturm nervöser Energie erzeugt Adrenalin, und das können wir zu unserem Vorteil nutzen. Es hilft uns, unser Bestes zu geben, und kann daher in der Musik eine gute Sache sein. Ohne Adrenalin wären wir vielleicht nachlässiger beim Spielen oder weniger konzentriert.

Es ist auch gut, daran zu denken, dass deine Bandkollegen und das Publikum nicht gekommen sind, um dich scheitern zu sehen; sie wollen alle, dass du es dir gut gelingt! An diesem Abend in der Albert Hall war die Liebe des Publikums und der Musiker überwältigend. Es geht nur darum, gemeinsam Musik zu machen und Spaß daran zu haben. Jeder will das Beste aus dieser Erfahrung machen.

Natürlich ist es wichtig, dass du dich gut vorbereitest. Sammle dich und stelle sicher, dass du die Songs kennst! Aber wenn das erledigt ist, atme tief durch, beruhige dich im Wissen, dass die Nervosität vorübergehen wird, nimm das Adrenalin an und verstehe, dass alle wollen, dass du dein Bestes gibst. Bleib cool!

Innere Haltung und Konzentration

Es ist leicht, beim Spielen den Fokus zu verlieren. Deshalb ist es gut, sich dieser Tendenz bewusst zu sein, die wir alle haben, und darauf zu achten, unsere Konzentration zu steuern.

Wenn du Rhythmusgitarre spielst, solltest du dich voll und ganz auf *Takt* und *Timing* konzentrieren und alle anderen Ablenkungen beiseite schieben. Einer der besten Wege, dies zu tun, ist, dem Solisten die ganze Aufmerksamkeit zu schenken. Richte deine Position so aus, dass du ihm zugewandt bist, und gebe ihm den besten unterstützenden Rhythmus, den du zu bieten hast. Viel zu oft sehe ich Rhythmus-Spieler, die tagträumen, während jemand ein Solo spielt! Das ist katastrophal für die Musik.

Gypsy Jazz Trios bestehen oft aus zwei Gitarren und einem Kontrabass. Ohne Schlagzeuger sind der Rhythmusgitarrist und der Bassist die wichtigsten Taktgeber. Unabhängig davon, was die anderen machen, sollte dein Timing solide sein und grooven. Sei ganz im Moment und bleib im Takt!

Für Solisten ist es ebenso wichtig, im Moment zu sein und sich ganz auf die Musik einzulassen. Wenn du darüber nachdenkst, was du später essen wirst, bist du nicht in der Gegenwart! Dein Fokus sollte auf den gespielten Changes liegen, so dass du dir, egal was du tust, immer vollkommen bewusst bist, wo du dich im Song befindest.

Diese Art von Konzentration sollte sich auch auf unsere Übungszeiten erstrecken. Es ist sehr leicht, sich ablenken zu lassen oder unkonzentriert und ziellos zu üben. Stattdessen müssen wir unsere Übungsstunden zielgerichtet gestalten, mit klaren Zielen, die wir erreichen wollen, und einem klaren Weg dorthin. 10 Minuten Qualitätszeit mit einem Metronom sind besser als eine Stunde zielloses Herumklimpern.

Damals, im Jahr 2000, kam mein Bruder Kevin nach Amsterdam, um sich meinem Trio anzuschließen. Er konnte nicht wirklich Gitarre spielen - er fing bei Null an. Aber er spielte Bass und ich wusste, dass er ein gutes Timing hatte, also war ich zuversichtlich, dass er es schaffen würde. Der einzige Weg, damit er gut genug werden konnte, um mit uns aufzutreten, war jedoch zu üben - und ich meine *wirklich zu üben*. Er zog in den Schuppen am Ende meines Gartens und begann richtig hart zu arbeiten! Ein Stück nach dem anderen spielte er das Repertoire wieder und wieder durch. Eines Tages kam der geniale Gypsy-Spieler Jimmy Rosenberg vorbei, und er und Kevin jammten. Ich weiß noch, dass ich dachte: *Wow! Wir haben hier einen der besten Gypsy-Jazz-Gitarristen der Welt, der mit einem völligen Neuling spielt, aber sie klingen großartig!*

Kevins Ziel war es, mit einem Metronom zu spielen und zehn Stücke auswendig zu lernen - genug für einen Auftritt - und sich dabei auf Timing und Rhythmus zu konzentrieren, was er jeden Tag stundenlang tat. Wenn es um die innere Haltung und den Fokus geht, denke daran:

1. Man kann keine solide Leistung erbringen, wenn man versucht, sich an die Akkorde zu erinnern. Kevin und ich klingen überzeugend, wenn wir auf der Bühne standen, weil wir die Stücke schon tausende Male gespielt hatten.

2. Gutes Timing ist der Schlüssel. Behandle das Takthalten mit dem gebührenden Respekt. Übe mit lautem Metronom, damit es kein Entkommen gibt. Tauche in den Beat ein, bis du ihn verinnerlicht hast.

Songs auswendig lernen

Das Auswendiglernen von Stücken ist etwas, das mir wirklich am Herzen liegt. Ich mag es nicht, Leute mit Notenständern und Chordsheets oder iPads auf der Bühne zu sehen, und ich glaube nicht, dass das Publikum einen Haufen Musiker sehen will, die auf Notenblätter starren, denn dann ist es keine echte Performance mehr. Man hat das Gefühl, die Musiker hätten sich nicht vorbereitet und kennen die Musik nicht in- und auswendig. Auch wenn einige Leute sehr gut vom Blatt lesen können, wird bei vielen die kreative Energie darauf verschwendet, die Informationen auf dem Notenpult zu verarbeiten - und das geht zu Lasten der Performance.

Mein Rat ist, eine gute Auswahl an Stücken *wirklich zu kennen*, anstatt Hunderte mit Hilfe eines Real Books halbwegs zu kennen. Es ist eine Sache, bei einer Jamsession in einem Notenbuch zu blättern, aber das ist nichts für die Bühne. Lerne die Progressionen zu den Stücken auswendig, so dass du sie automatisch spielen kannst, ohne nachzudenken. Das hilft nicht nur beim Rhythmusspiel, sondern auch beim Solospiel. Deine Soli werden schlechter, wenn du denkst: *Was ist der nächste Akkord?*

Wie kann man sich Stücke am besten einprägen? Manche sind einfach, weil sie auf einem vorhersehbaren Muster beruhen, z. B. ein Moll-Blues. Andere sind schwieriger. Ein Stück wie *Nuages* hat eine lange Form und viele komplexe Akkorde, was anfangs einschüchternd wirken kann. Mein Rat ist, die Melodie Abschnitt für Abschnitt aufzuschlüsseln. Präge dir einen Abschnitt nach dem anderen ein und spielen ihn immer und immer wieder. Lerne die einzelnen Abschnitte gründlich kennen, bevor du sie alle zusammenführst. Nimm dir, wenn nötig, nur vier Takte auf einmal vor und füge nach und nach weitere vier Takte hinzu, bis du den ganzen Song beherrschst. Beschäftige dich wie ein Besessener mit den gelernten Stücken und spiele sie jeden Tag. Denke an die Akkorde, während du die Straße entlanggehst und die Melodie summst. Du musst sie verinnerlichen, um sie mit Überzeugung spielen zu können. Denke daran: Lerne weniger Songs, aber *kenne sie in- und auswendig*.

Ein weiterer Tipp, um sich Stücke einzuprägen, ist, auf die regelmäßig wiederkehrenden Progressionen zu achten, wie z. B. das Muster I vi ii V, das den Großteil von *Swing 42* ausmacht. Dieses Muster ist dasselbe wie der Anfangs- und Endteil von *I Got Rhythm*. Wenn du über die Muster der Akkordfolgen nachdenkst, wirst du sie in vielen Stücken wiedererkennen, und das hilft dir, sie sich einzuprägen.

Die 5 Gypsy-Jazz-Standards, die man kennen *muss*

Es gibt Hunderte von Standards, die das Repertoire des Gypsy Jazz ausmachen, aber es gibt immer einen Kern von Stücken, die jeder spielt. Wenn ich gezwungen wäre, diese auf fünf Stücke zu reduzieren, die man unbedingt kennen muss, dann wären das:

- Minor Swing

- Djangology

- Dark Eyes

- Sweet Georgia Brown

- Nuages

Wenn du diese Stücke in- und auswendig kennst, kannst du dich zu jeder Gypsy-Jazz-Jam-Session dazusetzen, mitmachen und Spaß beim Spielen haben.

Minor Swing ist so beliebt, dass es immer das erste Stück ist, das ein Neuling in diesem Genre lernt. Es ist eingängig, rifflastig und macht Spaß. Es ist der *„Stairway to Heaven"* des Gypsy Jazz! Ob bei einer lokalen Jam-Session oder einem Biréli Lagrène-Konzert - *Minor Swing* wird gespielt werden, also beherrsche dieses Stück!

Djangology ist ein charmantes Stück, das Spaß macht, den Geist der Musik wirklich einfängt und von Django selbst geschrieben wurde. Es ist sehr populär bei Jamsessions. Die Akkorde sind ziemlich einfach zu lernen, aber es ist schwieriger, ein Solo darüber zu spielen, als es scheint, also lohnt es sich, Zeit darauf zu verwenden.

Dark Eyes ist auch sehr wichtig zu kennen. Es wurde auch als die „Hymne der Gypsies" bezeichnet. Es hat nur vier Akkorde, und die Melodie ist wirklich einfach, aber es wird oft sehr schnell gespielt, was es schwierig macht, ein Solo zu spielen. In Frankreich ist es als *Les Yeux Noir* und in Deutschland als *Schwarze Augen* bekannt. Es ist ein großer Publikumsliebling, bei dem die Leute garantiert mitklatschen werden.

Sweet Georgia Brown ist ein Song, den ich als Teenager mit meinem Vater in der Kneipe gespielt habe. Er hat die Akkorde geschlagen und ich habe die Melodie und ein Solo gespielt. Es ist so berühmt, dass das Publikum immer anerkennend raunt, sobald es losgeht. Es ist auch ein gutes Stück, um seine Solokünste über Dominantseptakkorde auf Vordermann zu bringen. Gypsy-Spieler spielen es oft in halsbrecherischem Tempo, aber keine Sorge, es lässt sich auch in mittlerem Tempo gut spielen.

Nuages ist zweifellos Djangos berühmteste Ballade. Sie hat eine wunderschöne, eindringliche Melodie, die den Zuhörer immer wieder aufs Neue berührt. Es ist eine unglaubliche Komposition, so dass allein das Erlernen der Akkorde deine Musikalität und Spielfähigkeiten verbessern wird. Es hat alles: eine interessante, dynamische harmonische Bewegung und eine himmlische Melodie. Auch als Solostück klingt es großartig und liegt gut unter den Fingern.

Säule 4: Gemeinsames Spielen und Musizieren

Du hast die vierte Säule erreicht, und wir werden die Kunst des Zusammenspiels mit anderen Musikern vertiefen. Zu verstehen, wie man mit anderen Musikern zusammenarbeitet, ist der Klebstoff, der alles zusammenhält, egal ob man in einer Jam-Session, bei einem Gig oder bei einer Aufnahmesession ist.

Die Kunst der Dynamik

Eine Fähigkeit, die große Spieler von guten Spielern unterscheidet, ist der Einsatz von Dynamik. Erfahrene Musiker konzentrieren sich nicht nur darauf, *was* sie spielen, sondern auch *wie* sie es spielen. Licht und Schatten sind sehr wichtig für den erzählerischen Aspekt der Musik, und das ist es, was wir anstreben sollten: unseren Zuhörern Gefühle und Emotionen zu vermitteln. Wir wollen die Leute mit unserer Musik auf eine Reise mitnehmen.

Bei meinem eigenen Spiel setze ich viel mehr auf Dynamik als auf beeindruckende Technik. Ein praktischer Weg, dies zu erreichen, ist sicherzustellen, dass wir nicht alles in einer Lautstärke spielen, egal ob das leise oder laut ist. Du könntest zum Beispiel den Rhythmuspart für *Minor Swing* in normaler Lautstärke spielen, während die Melodie gespielt wird, aber wenn das erste Solo beginnt, solltest du die Lautstärke wirklich reduzieren und es sanfter und leicht halten. Die Lautstärke auf diese Weise zu reduzieren, ist sehr effektiv. Erstens rückt es den Solisten in den Mittelpunkt, und zweitens bedeutet es, dass du mit der Musik etwas ausdrücken kannst. Nachdem man sehr leise gespielt hat, ist das laute Spielen ein großer Kontrast. Von leise zu laut ist viel effektiver als von laut zu laut!

Du kannst Dynamik auf jeden Teil deines Spiels anwenden, sei es bei der Begleitung, beim Spielen von Melodien oder beim Solospiel. Wenn die Kommunikation in der Band gut ist und jeder dem anderen zuhört, kannst du anfangen, dein Solo leiser zu spielen, und die ganze Band wird mit dir runterkommen. Ich war bei Auftritten, bei denen der Gitarrist immer leiser gespielt hat, und habe erlebt, wie der ganze Raum mit ihm zusammen runtergekommen ist. Das erregt wahrscheinlich mehr Aufmerksamkeit, als wenn man sehr laut spielt.

Arrangements erstellen

Mein Trio spielt *Sweet Georgia Brown* schon seit Jahren, also haben wir ein cooles, ausgefeiltes Arrangement dafür. Wir beginnen mit einem langsamen, schmissigen ersten Chorus in Halftime, der nur von den Gitarren gespielt wird. Dann hören wir auf und legen wieder los, mit Vollgas. Der Bass kommt dazu, und wir rasen in das Solo, bevor wir kreischend zum Stillstand kommen und das Halftime-Feel wieder aufnehmen. Ganz zum Schluss beschleunigen wir das Tempo noch einmal, um einen humoristischen Effekt zu erzielen. Ein solides Arrangement trägt dazu bei, dass ein Stück ein Erfolg wird. Du kannst dir unsere Version auf der Spotify-Playlist anhören.

Im Gypsy Jazz (und allgemein im Genre Jazz) folgen die Stücke in der Regel einer ähnlichen Form: Auf das Intro folgt die Melodie; die Musiker improvisieren über die Changes; die Melodie wird erneut aufgenommen; dann gibt es einen geplanten oder improvisierten Schluss.

Bei diesem vorhersehbaren Format ist es gut, sich zu überlegen, wie man das Arrangement aufpeppen kann, um es interessanter zu gestalten. Einfache Dinge können sehr wirkungsvoll sein - zum Beispiel eine komplette Pause und dann ein oder zwei Takte, in denen der Solist beginnt, bevor der Rest der Band wieder einsetzt. Das schafft einen Moment der Dramatik. Eine weitere einfache Idee ist es, für die Soli eine Tonart nach oben zu modulieren, was der Musik einen echten Auftrieb verleiht.

Um einem Stück deinen Stempel aufzudrücken, solltest du dir zunächst ein wirklich gutes Intro ausdenken. Wir haben uns bereits ein paar Standard-Intros angeschaut, aber du kannst auch kreativ werden und dein eigenes schreiben. Wenn du zum Beispiel ein Stück in D-Dur spielst, könntest du es folgendermaßen beginnen...

Dies ist eine Pedalton-Idee. Spiele einen normalen Dmaj7-Akkord in der 5. Position, dann verschiebe den oberen Teil des Akkords um einen Halbton nach oben, während du die Bassnote an ihrem Platz lässt. Behalte den D-Bass durchgehend bei.

Beispiel 4a

Wenn man eine solche Idee für das Intro hat, kann man sie als Arrangement für die Einführung jedes neuen Solisten wiederverwenden.

Ein Mittel, das auch gut funktionieren kann, ist eine *rubato* (in freiem Tempo) gespielte Einleitung mit satten Akkorden, die von melodischen Phrasen durchsetzt sind. Hier ist ein Tipp, um dies zu erreichen. Wähle eine Akkordfolge, die du gut kennst, und arbeite sie durch, indem du zwischen Akkorden und melodischen Figuren abwechselst. In *Minor Swing* spielst du zum Beispiel den ersten A-Moll-Akkord, dann eine kurze melodische Phrase in A-Moll. Gehe dann zum D-Moll-Akkord über und mache dasselbe. Verfahre mit der gesamten Sequenz auf diese Weise. Auch wenn sie teilweise improvisiert ist, hat sie eine starke Struktur und eignet sich gut für den Aufbau einer Ballade.

Überlege, wie der Song enden wird. Könnte diese Idee noch einmal verwendet werden? Um mehr Abwechslung in den Song zu bringen, könntest du auch ein Lick schreiben, das die ganze Band unisono spielt, was ein kraftvoller Abschluss wäre.

Schaue dir immer unterschiedliche Versionen anderer Musiker zu den Standards an. Es gibt viele Möglichkeiten, verschiedene Ansätze auf YouTube zu hören. Oder wenn du einen bestimmten Song lernst, suche ihn auf Spotify und höre dir die verschiedenen Versionen an, die angezeigt werden. Das ist eine gute Möglichkeit, Arrangement-Ideen zu entdecken, die du dir „ausleihen" kannst.

Zusammenarbeit mit einem Bassisten

Als Gitarrist muss man mit jedem Bassisten, den man trifft, harmonisch zusammenarbeiten. Ich habe mit vielen Bassisten gearbeitet, und jeder hatte seinen eigenen Charakter. Einige Bassisten, mit denen ich zusammengearbeitet habe, spielten mit einem Two-Beat-Feel - ähnlich wie die Tuba in der Dixieland-Musik - was zwar vom Timing her sehr solide war, aber die Möglichkeit der Band zum Swingen einschränkte. Ich hatte das große Vergnügen, Simon Planting für einige Jahre in meinem Trio zu haben, der Two-Beat mit Walking-Four-to-the-Bar kombinierte. Derzeit ist Arnoud Van Den Berg der Bassist in meinem regulären Trio, dessen Gefühl für Timing und Swing das beste ist, mit dem ich je gespielt habe.

Bei einer Jamsession ist es wichtig, sich auf den Bassisten einzustellen. Nimm Augenkontakt auf - er wird es zu schätzen wissen, dass du ihm Aufmerksamkeit schenkst. Wenn es deine Band ist, scheue dich nicht, dem Bassisten zu sagen, was er tun soll. Ein guter Hot-Club-Bassist spielt kurze, druckvolle Noten - anders als der Ray-Brown-Stil des modernen Jazz. Höre dir einige Gypsy-Bassisten an und achte darauf, was sie tun. Wie wirkt sich das auf das Swing-Gefühl aus?

Ich bekomme viele Fragen von Schülern, wie man am besten mit einem Bassisten zusammenarbeitet. „Wenn ich diesen Akkord spiele, gerät er dann in Konflikt mit dem, was der Bassist tut?", usw.

Kommunikation ist der Schlüssel. Die Rhythmusgruppe muss als Einheit arbeiten, also seid offen und besprecht, welche Akkorde ihr spielen wollt. Seid euch darüber im Klaren. In vielen Stücken, selbst in so einfachen wie *Minor Swing*, gibt es alternative Changes. Eine Version von *Minor Swing* leiht sich z. B. die Akkordwechsel von *Autumn Leaves*. Wenn du so etwas machst, muss der Bassist das unbedingt wissen - überlasse es nicht dem Zufall! Vereinbare, an welcher Stelle des Stücks du diese Idee einbringen wirst (zum Beispiel nur während des Solos).

Ein weiterer Tipp für die Zusammenarbeit mit einem Bassisten ist es, die Bassnoten auf der Gitarre etwas zurückzunehmen. Wenn du nur mit einem anderen Gitarristen spielst, dann ist es angebracht, diese Boom-Chick-Rhythmen zu spielen, die das Stück vorantreiben. Aber ein Bassist sorgt für den Groove im unteren Bereich, also muss der Gitarrist einen ergänzenden Part spielen. Geradliniges Strumming funktioniert am besten. Es funktioniert auch besser, kleine, dreistimmige Akkordvoicings zu spielen als ganze Akkorde. Weniger ist mehr.

Wenn der Bassist mit einem Two-Feel spielt, kannst du etwas sehr Einfaches spielen - 1/4-Noten-Schläge. Wenn er ein Walking-Bass-Pattern spielt, gibt es mehr Spielraum, um zu variieren, was du spielst. Du musst nicht einmal kontinuierlich spielen - Du kannst den Rhythmus mit Akzenten unterbrechen.

4er und 8er im Jazz spielen

4er und 8er zu spielen, ist eine Technik, die von allen Jazzmusikern verwendet wird, um das Interesse an einem Stück zu wecken. Nachdem jeder in der Band ein Solo über die gesamte Form des Songs gespielt hat, spielt er ein kurzes 4-taktiges Solo, dann spielt der nächste Musiker 4 Takte, dann der nächste und so weiter. Das ist eine großartige Möglichkeit, die Musik in eine andere Richtung zu lenken, denn ein Großteil der Spannung im Jazz entsteht durch das Zusammenspiel der Musiker. 4er sind eine großartige Möglichkeit, ein musikalisches Gespräch mit deinen Bandkollegen zu führen, weshalb es auch oft „trading 4's" (4er tauschen) genannt wird. Es ist wie das Frage-Antwort-Format des Blues.

Dies kann ein paar Mal wiederholt werden, bevor die Band die Melodie erneut spielt und das Stück beendet. Diese Technik wird oft verwendet, um dem Schlagzeuger ein Solo zu geben. Manchmal werden die 4 Takte auf 8 Takte ausgedehnt, je nach der Form des Stücks. Es ist definitiv eine Technik, die man bei Jam-Sessions einsetzen kann, aber man kann sie auch in seine Arrangements einbauen, um die Dinge interessant und spannend zu halten. Mein einziger Ratschlag lautet: Vergiss nicht *zu zählen!* Es ist so einfach, sich in einem Stück zu verlieren, also stelle sicher, dass du immer mitzählst und weißt, wo du dich in der Form befindest.

Turnarounds

Ein weiteres großartiges Werkzeug für Arrangements ist der Turnaround. Manchmal ist ein Turnaround in die letzten Takte eines Songs eingebaut, aber wenn nicht, kannst du einen eigenen hinzufügen. Der Sinn eines Turnarounds ist es, deutlich zu signalisieren, dass man das Ende des Stücks erreicht hat und nun wieder von vorne beginnen wird. Du willst das Gefühl vermitteln, dass sich die Akkordfolge auflösen muss, daher wird bei einem Turnaround fast immer der V-Akkord verwendet - der Dominantseptakkord, der sich unbedingt zum I-Akkord der Tonart auflösen will. In der Tonart C-Dur ist der V-Akkord G7, ein guter Turnaround wäre also...

Beispiel 4b

Ein anderer Ansatz besteht darin, mit einem C-Dur-Turnaround zu beginnen und bis zum G7 abzusteigen (ähnlich wie bei dem Intro, das wir uns vorher angesehen haben).

Beispiel 4c

Du kannst das Moll-Intro, das du zuvor gelernt hast, auch als Turnaround am Ende eines Moll-Titels verwenden. Dieses Intro eignet sich hervorragend, um die letzten beiden Takte eines Moll-Blues zu ersetzen.

Beispiel 4d

Begleiten mit Walking Basslines

Wenn du nur mit einem anderen Gitarristen spielst, kannst du manchmal eine starke Bassline als Begleitung spielen. Zum Beispiel könntest du die Changes zu *Minor Swing* mit einer Bassline durchbuchstabieren, die von Akkorden unterbrochen wird, anstatt nur vier Takte zu gerade durchzuspielen.

Hier ist ein Beispiel für etwas, das ich über die ersten acht Takte von *Minor Swing* spielen könnte. Arbeite diese Idee zunächst langsam durch, bevor du das Tempo anhebst. Es ist wichtig, es sauber zu spielen, so dass die Bassnoten ausklingen und anhalten, aber die Akkorde einen Punch haben.

Beispiel 4e

Woher kommen all diese zusätzlichen Akkordwechsel, fragst du dich vielleicht. Hier geht es darum, Noten aus der übergeordneten Tonleiter der Tonart - in diesem Fall die A-Moll-Tonleiter (A, B, C, D, E, F, G, A) - als Basstöne zu verwenden und darauf Akkorde aufzubauen. Um zu vermeiden, dass auf zwei aufeinander folgenden Zählzeiten dieselbe Note gespielt wird, kannst du eine chromatische Durchgangsnote hinzufügen, die zum nächsten Ton der Tonleiter führt (wie das C# in Takt 2).

Die Akkorde stammen aus der Tonart A-Moll (Am, Bm7b5, C, Dm, Em, F und G), aber du wirst feststellen, dass ich mir ein paar Freiheiten herausgenommen habe. Im Jazz ist es üblich, einen Akkord aus einer Tonart zu nehmen und seine *Qualität* zu verändern (besonders beliebt ist es, einen Moll-Akkord in einen Dominantsept zu verwandeln). So wird in Takt 6 der E-Moll-Akkord zu E7.

In den ersten beiden Takten ist der Startakkord A-Moll und der Zielakkord D-Moll. Ich füge B-Moll, C-Dur und den verminderten C#-Akkord hinzu, um diese beiden Akkorde zu „verbinden". In den Takten 5 und 6 ist das Ziel ein E7-Akkord, den ich also mit einer chromatisch absteigenden Idee anspiele.

Du musst nicht eine durchgehende Walking-Bass-Line über die gesamte Länge des Songs spielen. Dies ist die Art von Idee, die du einstreuen kannst, um Interesse zu erzeugen. Du kannst zu Beginn vier Takte spielen und dann die Bassline auspacken, um eine Verbindung zum nächsten Abschnitt des Stücks herzustellen:

Beispiel 4f

Hier noch eine letzte Idee als Denkanstoß. Wenn du auf ein paar Takte stößt, die einen statischen Akkord enthalten, kannst du immer Umkehrungen dieses Akkords verwenden, um verschiedene Bassnoten zu erzeugen und so eine Bassline zu schaffen. Nehmen wir E7 als Beispiel.

Du könntest es einfach anschlagen, etwa so...

Beispiel 4g

Oder du könntest spielen...

Beispiel 4h

Anstatt zwei Takte desselben Akkords anzuschlagen, verwenden wir Umkehrungen, um Bewegung und Schwung zu erzeugen. Ein E7-Akkord ist wie folgt aufgebaut: E (Grundton), G# (3), B (5) und D (b7). Wir verwenden jede dieser Noten als Bassnote, um diese schöne Linie zu erzeugen, die den gesamten Umfang des Griffbretts nutzt.

Um diese Idee selbst zu erarbeiten, ist es hilfreich zu wissen, welche Akkorde zu welcher Tonart gehören. Aber experimentiere und schaue, welche verschiedenen Basslines du zu den Akkordwechseln deiner Lieblingsstücke hinzufügen kannst. Lass dich von deinen Ohren leiten - Du wirst instinktiv wissen, ob etwas richtig klingt.

Säule 5: Schlussstein und Weiterentwicklung

Bei der letzten unserer fünf Säulen geht es darum, wie du auf das bisher Gelernte aufbauen kannst. In diesem Abschnitt möchte ich dir einige Tipps und Ratschläge geben, die dir helfen, deine Fähigkeiten zu verbessern und die Zeit, die du in deine Musik investierst, zu maximieren. Das Mantra „*Hab Spaß!*" ist hier der Schlüssel. Ich möchte dich dazu inspirieren, zu einer Jamsession zu gehen, eine Band zu gründen oder sogar ein Album aufzunehmen.

Aufwärmübungen

Bevor es mit dem Spielen richtig losgeht, ist es wichtig, sich aufzuwärmen. Es gibt bestimmte Dinge, die ich vor dem Spielen immer mache, um mich zu entspannen und mich auf ein gutes Spiel vorzubereiten. Eine nützliche Übung ist die Tremolando-Übung (siehe den Abschnitt Übungen am Ende von Säule 1, um dein Gedächtnis aufzufrischen). Dies ist nicht nur eine großartige Übung, um das Handgelenk zu lockern, die Technik hat außerdem ihren Platz im Gypsy-Jazz-Spiel. Hier sind einige Tipps zu dieser Technik:

1. Mit dem Fuß tippen, den Puls fühlen und den Takt halten

2. Bewege deine Schlaghand (mit beweglichem Handgelenk) so schnell wie möglich

3. Greife das Plektrum nicht zu fest

4. Gehe nicht zu tief in die Saiten, halte die Dinge federleicht

5. Übe über Akkordwechsel

Hör dir das Stück *Heavy Artillery* (oder *Artillerie Lourde*) von Django auf der Spotify-Playlist an und du wirst hören, wie er die Akkorde zur Bridge *tremolando* anschlägt. Es ist eine ziemlich schwierig zu beherrschende Technik, so dass die Übung sowohl zum Aufwärmen als auch zum Aufbauen der Technik dient.

Wähle ein Stück aus, z. B. *Minor Swing*, und übe *Tremolando* durch die gesamte Progression. Arbeite daran, das schnelle Strumming konsistent und gleichmäßig über die gesamten Changes zu spielen.

Wähle für das nächste Aufwärmen ein Stück mit mittlerem Tempo, z. B. *Lulu Swing*, und spiele die Wechsel durch. Mache dir im Moment nicht zu viele Gedanken über Dynamik und Timing, du wärmst dich nur auf. Spiele laut und selbstbewusst. Es ist, als würdest du das Instrument und dich selbst aufwecken, also sei nicht zurückhaltend.

Spiele als Nächstes einige melodische Linien. Du kannst Arpeggios üben, die den gesamten Bereich des Griffbretts abdecken, oder deine Lieblings-Licks. Dafür gibt es kein Patentrezept, du kannst wirklich alles spielen. Es geht darum, die Koordination von Greif- und Spielhand „aufzuwecken" und die Dinge so zum Fließen zu bringen, wie sie sein sollten. Sobald du aufgewärmt bist, ist es Zeit für eine konzentrierte Übungsstunde.

Wie und was man übt

Natürlich muss man üben, aber es ist sehr wichtig, *was* man übt, damit man vorankommt. Wenn ich mit meinen neuen Gypsy-Jazz-Club-Mitgliedern private Online-Zoom-Gespräche führe, erstellen wir einen Plan, der mit einem großen Ziel beginnt, das ich dann in kleine Schritte unterteile. Wir suchen uns ein paar Stücke aus, in denen wir gut werden wollen, und wenden alle Techniken und Fähigkeiten auf echte Musik an.

Es spielt keine Rolle, wie viel Zeit du jeden Tag zum Üben hast - ob es eine halbe Stunde oder der ganze Tag ist - viel wichtiger ist, *wie* und *was* du übst. Ein Tipp, den ich gerne weitergeben möchte, ist, die Zeit, die man hat, aufzuteilen, damit man nicht nur eine Sache übt und andere Bereiche seines Spiels vernachlässigt.

Um effizient zu üben, solltest du nur Dinge üben, die du auch tatsächlich bei einem Auftritt spielen wirst. Dich zu entspannen und auf der Gitarre herumzuklimpern ist kein Üben, also halte die beiden Aktivitäten getrennt. Hier ist ein gutes Übungsschema für dich:

1. Spiele jeden Tag etwas Rhythmus, und sei es nur für zehn Minuten. Das hilft dir, deine Schlaghand locker und im Rhythmus zu halten.

2. Vergewissere dich, dass du die Stücke, die du „kennst", auch wirklich auswendig gelernt hast!

3. Spiele zu den Backing Tracks.

4. Verfeinere deine Technik. Es gibt keine Zauberformel: Spiele, spiele, spiele diese Arpeggios und Licks, bis sie sauber und flüssig klingen.

5. Erweitere dein Repertoire, indem du an neuen Stücken arbeitest. Lerne die Melodie und die Akkorde, bevor du sie aufpeppst und höre dir so viele verschiedene Versionen wie möglich an.

6. Hab Spaß und bleibe inspiriert!

Das Metronom ist dein bester Freund

Wir glauben gerne, dass unser Timing ziemlich gut ist, aber das Metronom lügt nicht! Das Metronom ist dein Freund, denn die Zeit, die du hier investierst, wird sich auf alle anderen Bereiche deines Spiels auswirken, da dein angeborenes Zeitgefühl geschärft wird. Das Spielen mit einem Metronom hilft dir sowohl beim Solospiel als auch beim Schlagen von Akkorden. Meine Großmutter hatte ein altmodisches manuelles Metronom, das auf ihrem Klavier stand, und das habe ich benutzt, als ich lernte. Es gibt aber auch jede Menge Metronom-Apps, die man kostenlos auf sein Smartphone laden kann, es gibt also keine Ausrede, kein Metronom zu haben!

Wenn du einen Rhythmus spielst, achte darauf, dass das Metronom schön laut ist, damit du es deutlich hören kannst. Versuche anfangs mit vier Klicks pro Takt zu üben, bei etwa 80 Schlägen pro Minute (bpm), und spiele ein Stück durch. Wenn du gut im Takt bist, versuche, mit dem Metronom in Halftime zu spielen. Stelle also das Metronom auf 40 bpm ein und konzentriere dich, bis du das Klicken auf den Schlägen 2 und 4 hören kannst. Spiele nun die Melodie erneut, wobei das Metronom den Backbeat beibehält. Dies kann anfangs schwierig sein, aber wenn du dranbleibst, wirst du ein viel besseres Zeitgefühl entwickeln.

Lasse das Metronom auch beim Üben von Licks eingeschaltet. Das hilft, die Aufmerksamkeit aufrechtzuerhalten und sorgt dafür, dass du bei der Phrasierung nicht nachlässig (oder gehetzt) wirst.

Rhythmusspiel üben

Starte das Metronom und übe einen Gypsy-Rhythmus. Arbeite daran, ein neues Stück auswendig zu lernen. Denke daran, dass wir auf der Bühne keine Chordsheets ablesen wollen, wenn es sich vermeiden lässt, also unterteile das Stück in Abschnitte, wie bereits besprochen, und übe, die Akkordwechsel zu deinem Metronom zu spielen. Beginne mit einem leicht zu bewältigenden Tempo und stelle sicher, dass du die Changes wirklich beherrschst, bevor du daran denkst, schneller zu werden. Wenn du schnell spielst, bevor du den Rhythmus wirklich verinnerlicht hast, wirst du einfach schlecht, aber schneller spielen! Interessanterweise gerät man leichter aus dem Takt, wenn man Balladen statt sehr schneller Stücke spielt. Es erfordert mehr Konzentration und ein besseres Taktgefühl, um in einem sehr langsamen Tempo akkurat zu spielen, daher lohnt es sich, auch Balladen mit einem Metronom zu üben.

Wenn du ein schnelles Stück übst, beginne mit einem einfachen Rhythmus. Spiele nur Abschläge - die einfachste Form von *La Pompe*. Lasse den Rhythmus richtig swingen, bevor du etwas Komplizierteres machst. Wenn die Abschläge gut klingen, versuche, einige Aufschläge im Rosenberg-Stil einzuführen. Achte darauf, dass dein Arm entspannt und dein Handgelenk beweglich bleibt.

Neue Stücke lernen

Wenn du mehr Zeit zum Üben hast, dann lerne die Melodie eines neuen Stücks. Ich behandle das Gypsy Jazz Repertoire in meiner Songbook-System Serie. In diesen Büchern habe ich die Melodien so einfach wie möglich aufgeschrieben und lasse viel Raum, um sie später zu verschönern.

https://l.robinnolan.com/m3nh2

Es ist wirklich wichtig, die *eigentliche* Melodie eines Songs zu kennen, und nicht die Art und Weise, wie jemand anderes es spielt. Lerne zuerst die Melodie und drücke ihr später deinen Stempel auf. Wenn du die Melodie gut kennst, spiele sie mehrmals durch und füge einfache Verzierungen hinzu, um sie zu variieren. Schmücken die Melodie Schritt für Schritt aus, und schließlich wirst du ein sehr musikalisch klingendes Solo spielen, das in der Originalmelodie verwurzelt ist. Das wird viel besser klingen, als Tonleitern rauf und runter zu nudeln.

Oft wird uns der Lernprozess eines neuen Stückes aufgedrängt. Vor ein paar Jahren lud mich mein guter Freund Dhjani Harrison ein, auf seiner Hochzeit zu spielen, und bat mich um den „*Rain Song*". Ich tat so, als würde ich den Song kennen, aber nachdem ich den Hörer aufgelegt hatte, dachte ich: *Rain Song, was ist das?* Ich gab es bei Google ein, stieß auf das epische Meisterwerk von Led Zeppelin und machte mich an die Arbeit, es auseinanderzunehmen! Es war nicht ganz einfach, aber es gelang mir, ein cooles Instrumentalarrangement für das Trio zu erstellen, das an seinem großen Tag einfach fantastisch klang.

Neue Akkorde lernen

Dies mag allzu simpel klingen, aber ich habe eine Technik, um mir neue Akkorde einzuprägen und zu üben, die immer funktioniert:

1. Greife den Akkord und achte darauf, dass er sauber klingt, wenn du ihn anschlägst.

2. Nimm deine Hand für einige Sekunden von der Gitarre.

3. Bringe deine Hand zurück und greife den Akkord erneut.

4. Wiederhole den Vorgang, bis sich deine Hand perfekt an die Form erinnert und jedes Mal ohne Probleme zum Akkord zurückkehrt.

Es lohnt sich, sich diese Zeit zu nehmen, um absolut konzentriert auf das Akkordspiel zu sein. Arbeite an einem Akkord nach dem anderen und gehe es langsam an.

Konzentriert bleiben

Es ist wichtig, Dinge zu üben, die man tatsächlich bei einem Gig/Jam-Session spielen wird, d.h. echte Songs! Wenn du mit dem Repertoire und der Art, wie du es spielst, sicherer wirst, wirst du als Musiker vorankommen. Wenn du eine Woche lang jeden Tag ein Solo über *Minor Swing* übst, wirst du in der nächsten Woche eine spürbare Verbesserung deines Spiels feststellen. Es ist besser, echte Musik zu üben als theoretische Konzepte; all unsere Theorie über Tonleitern und Arpeggios ist nur ein Mittel zum Zweck.

Jam Session-Knigge

Im Laufe der Jahre habe ich an Hunderten von Jamsessions teilgenommen. Es gibt sie auf allen großen Django-Festivals und ich habe mich dabei ertappt, wie ich mit den besten Spielern der Welt *Minor Swing* gespielt habe. Ich saß zwischen Stochelo und Jimmy Rosenberg, so nah, dass ich die heiße Luft spüren konnte, die von ihren Plektren kam, während sie einen schnellen chromatischen Lauf nach dem anderen spielten! Was ich gelernt habe, ist, dass man nicht versuchen sollte, mit den besten Musikern auf Augenhöhe zu spielen, weil man dann wahrscheinlich albern aussieht. Stattdessen sollte man kreativ werden und das spielen, was man am besten kann. Ich suche eher nach einer Gelegenheit, originell zu sein, als zu shredden, oder das eine oder andere B.B. King-Blues-Lick einzubauen. Greife tief in die Trickkiste und spiele etwas, das du wirklich beherrschst. Jamsessions sind eine großartige Möglichkeit, zu lernen und unsere Fähigkeiten zu verbessern. Wenn wir mit Leuten spielen, die besser sind als wir, werden wir immer besser, weil wir gezwungen sind, unser Spiel zu verbessern!

Manchmal gibt es bei Jam Sessions eine Person, die zu laut oder lange, langweilige Soli spielt und den anderen Musikern nicht zuhört. Hüte dich davor, diese Person zu sein! Wenn jemand ein Solo beginnt und du ihn nicht hören kannst, spielst du wahrscheinlich zu laut, also spiele leiser.

Jam Sessions können manchmal unorganisiert und chaotisch sein, also scheue dich nicht, mit den anderen Musikern klar zu kommunizieren. Wenn du gerade ein Solo beendet hast, ist es üblich, dem nächsten Teilnehmer zuzunicken. Die Kommunikation von Auge zu Auge ist beim Spielen sehr wichtig und viel leichter zu erkennen als subtile musikalische Hinweise. Das Schlimmste in einer Jam Session ist, wenn jemand nicht auf diese Signale achtet und einfach das Solo eines anderen überspielt!

Ein weiterer Tipp ist, allen mitzuteilen, welches Stück du spielen wirst. Es scheint offensichtlich zu sein, aber manchmal fängt jemand einfach an zu spielen. Diejenigen, die das Stück erraten können, werden mitmachen, aber diejenigen, die es nicht können, werden angesäuert in ihren Chordsheets nachsehen, was es sein könnte. Mache es deutlich und zähle das Stück laut ein. Sei einfach nett zu den anderen Spielern und diese Freundlichkeit wird auf dich zurückfallen.

Finde deinen eigenen Stil

Als ich zum ersten Mal den Gypsy Jazz entdeckte, verliebte ich mich sofort in ihn. Das Spiel von Django Reinhardt, Stochelo Rosenberg und Biréli Lagrène hat mich inspiriert, und so habe ich mich in ihre Musik vertieft. Zuvor hatte ich immer E-Gitarre gespielt, und als ich zum Gypsy Jazz kam, fand ich einige der Techniken und Spielweisen der alten Schule ziemlich herausfordernd. Ich griff auf meine E-Gitarren-Technik zurück, übertrug sie aber auf eine akustische Gitarre im Gypsy-Stil. So habe ich, fast zufällig, meinen eigenen Stil gefunden. Meine Einflüsse kommen aus dem Jazz, dem Blues, dem Pop und sogar dem Rock, und all diese Einflüsse haben ihren Weg in den Schmelztiegel meines Stils gefunden. Damals habe ich das nicht bewusst getan, aber rückblickend kann ich erkennen, wie diese Einflüsse zu meiner Spielweise beitragen.

Zuerst wollte ich wie Stochelo Rosenberg klingen, bevor ich meine eigene Identität gefunden habe, und mein Rat an dich ist, bewusst über deinen Stil nachzudenken. Versuche nicht, ein Klon von jemand anderem zu sein. Lasse vielmehr deine einzigartige Mischung von Einflüssen in dein Gypsy-Jazz-Spiel einfließen, so dass du, wenn du spielst, unverkennbar *du selbst* bist! Wenn du schon immer den Blues oder den geradlinigen Bebop geliebt hast, verwerfe das nicht – lass diese Einflüsse in dein Gypsy-Jazz-Spiel einfließen. Lass dich nicht von der Tatsache irritieren, dass du nicht wie Biréli oder jemand anders klingst. Finde deine Stimme und spiele deine Stärken aus. Es ist wirklich wichtig, *man selbst* zu sein. Denke daran, wie mächtig diese beiden Worte sind!

Ich habe viele Gitarristen durch meinen Gypsy Jazz Club online unterrichtet und ermutige sie immer, ihre eigene Musik und ihren eigenen Sound in ihr Spiel einzubringen. Ein Schüler ist Diego aus Argentinien. Er lernt Gypsy Jazz, hat aber eine Leidenschaft für Tangomusik. Kürzlich hat er uns in einem Club Zoom Hangout eine Version von *Nuages* vorgespielt, die einige feurige Tangoakkorde enthielt, und wir waren alle begeistert. Frage dich: *Welche Musik kann ich schon spielen?* Lasse deine Einflüsse durchscheinen und zu einem Teil deines Gypsy-Jazz-Stils werden.

Eigene Musik schreiben

Musik zu spielen ist ein kreativer Prozess, und ein wichtiger Teil davon kann das Schreiben eigener Stücke sein. Ich habe seit Beginn meiner Beschäftigung mit dieser Musik eigene Stücke geschrieben, und ich fühle mich geehrt, dass einige von ihnen von anderen Gypsy-Jazz-Gitarristen, die ich bewundere, aufgenommen wurden. Kreativ zu werden und seine eigenen Ideen zum Ausdruck zu bringen, ist Teil der musikalischen Reise, also habe keine Angst, sie zu veröffentlichen. Django hat Dutzende wunderschöne, swingende Melodien geschrieben, und wir alle spielen sie heute noch.

Einen Song zu schreiben und es einem Freund oder einer geliebten Person zu widmen, ist ein Geschenk, das immer bleibt und an das sie sich erinnern werden. Wenn du etwas schreibst, für wen ist das Stück bestimmt? Welche Stimmung willst du mit Blick auf diese Person erzeugen? Fröhlich und beschwingt? Wähle eine Dur-Tonart. Launisch und leidenschaftlich? Schreibe in Moll. Einige der Melodien, die ich umgeschrieben habe, basieren auf Akkordfolgen, die es schon einmal gab und die funktionieren. Du musst das Rad nicht neu erfinden.

Wenn du nicht weißt, wo du anfangen sollst, schau, was du am besten kannst. Über welche Akkordfolgen spielst du am liebsten? Nimm diese Akkorde und versuche, eine neue Melodie über sie zu schreiben. Hunderte großartiger Jazz-Standards wurden über vertraute Changes geschrieben, indem Spieler eine Songform nahmen, die ihnen gefiel und eine neue Melodie schrieben.

Wenn du dich ernsthafter mit dem Schreiben beschäftigen möchtest, solltest du dir meine Online-Masterclass „Tune Writing Secrets" ansehen. In diesem Kurs habe ich mich selbst herausgefordert, fünf neue Stücke zu schreiben, live vor der Kamera! Das ist eine großartige Möglichkeit zu entdecken, wie viel Spaß es machen kann, seine eigene Musik zu schreiben. Du kannst es schaffen!

https://l.robinnolan.com/sdswy

Das Gypsy-Jazz-Repertoire

Das Repertoire des Gypsy Jazz ist breit gefächert und vielfältig, so dass es eine Menge Stücke gibt, die du lernen *könntest*, aber es ist am besten, mit den absoluten Grundlagen zu beginnen. In Kapitel drei habe ich die fünf Stücke erwähnt, die du unbedingt kennen *musst*, aber ich gebe dir hier eine längere Liste, die du erforschen kannst. Es handelt sich um eine Mischung aus Django-Stücken und Jazz-Standards, die fest in das Repertoire des Gypsy Jazz aufgenommen wurden. Höre dir so viele Versionen dieser Stücke wie möglich auf Spotify oder YouTube an und erstelle eine Playlist mit deinen Favoriten.

Minor Swing

All of Me

Coquette

Dark Eyes

I Can't Give You Anything But Love

Manoir de Mes Rêves

Daphne

Minor Blues

J'Attendrai

Swing 42

Douce Ambiance

Nuages

I'll See You in my Dreams

Lady be Good

Joseph Joseph

Sweet Georgia Brown

Honeysuckle Rose

Je Suis Seul ce Soir

Djangology

Bossa Dorado

Troublant Bolero

It Had to be You

What is This Thing Called Love?

Swing 39

Fazit

Wir haben uns auf eine Reise durch die grundlegenden Techniken und Fertigkeiten begeben, die man braucht, um Gypsy Jazz Gitarre zu spielen. Vor allem haben wir gelernt, *es einfach zu halten* und dass wir mit wenig viel erreichen können.

Es war kein Zufall, dass wir mit der Rhythmusgitarre angefangen haben, denn es ist der Rhythmus, der diese Musik, die wir lieben, ausmacht. Ohne den typischen Rhythmus ist es kein authentischer Gypsy Jazz mehr. Wenn du auf deiner musikalischen Reise vorankommst, solltest du deine Rhythmus- und Begleitfähigkeiten weiter ausbauen. Das wird dich zu einem Musiker machen, mit dem andere Menschen gerne spielen möchten. Mache die Dinge nicht zu kompliziert und halte sie einfach und groovy.

Wir haben uns mit dem Solospiel befasst und untersucht, wie man Licks, Tonleitern und Arpeggien zu Solos kombiniert. Denke daran, dass du nur über drei grundlegende Akkordtypen solieren musst: Dur, Moll und Dominante. Wenn du ein Solo spielst, denke daran, dass du *du selbst* sein solltest. Versuche nicht, jemand anderen zu imitieren.

In Säule 3 haben wir uns mit Intros und Endings beschäftigt, die uns bei der Gestaltung von Arrangements helfen sollen, und wir haben uns auch mit der wichtigen Fähigkeit beschäftigt, Songs auswendig zu lernen. Denke daran, dass es besser ist, drei Stücke auswendig zu können, als dreißig *zu kennen*. Werde gut im Spielen einiger weniger Songs!

In Säule 4 haben wir über die Kunst des Musizierens mit anderen Musikern gesprochen. Fertigkeiten wie die Zusammenarbeit mit einem Bassisten und die Kunst der Dynamik sind wichtige Fähigkeiten, die leicht übersehen werden.

Wir haben viel gelernt, aber komme immer wieder auf die zu Beginn dieses Buches erwähnten Mantras zurück. Behalte sie im Hinterkopf und du wirst viel Freude am Lernen dieser Musik haben. Hier ist eine Zusammenfassung.

Keep It Simple. Das gilt für den Rhythmus und das Solospiel. Frage dich immer: *Kann ich das vereinfachen?*

Sei du selbst. Du bist der Beste, wenn du so spielst, wie du bist. Setze dich nicht unter Druck, wie jemand anderes zu klingen.

Hab Spaß. Sorge dafür, dass du stets Freude an der Sache hast! Es geht nicht darum, im Übungsraum zu leiden.

Bleibe inspiriert! Das ist mein Motto. Suche immer nach Inspiration, denn die Dinge, die dich inspirieren, verbessern dein Spiel auf magische Weise!

Robin.

Setze deine Gypsy-Jazz-Reise mit Robin Nolan fort

Dem Gypsy Jazz Club beitreten

Die #1 Online-Community zum Erlernen der Gypsy Jazz Gitarre. Hier kann ich dir persönlich helfen, deine Ziele beim Gitarrenspiel zu erreichen, Woche für Woche.

https://l.robinnolan.com/n8sgy

Gypsy Jazz Jumpstart

Gehe in die Tiefe, um den klassischen Gypsy-Jazz-Titel *Minor Swing zu* meistern. Du wirst rechtzeitig zum nächsten Jam wie ein Profi spielen!

https://l.robinnolan.com/nhxm8

Robin Nolan spielt Polak Gypsy-Gitarren

https://www.polak-gypsyguitars.com